焦裕禄

给青少年讲红色纪念馆里的故事丛书（第三辑）

百姓谁不爱好官：
焦裕禄的故事

焦裕禄同志纪念馆　编著

中原出版传媒集团
中原传媒股份公司

大象出版社
·郑州·

图书在版编目(CIP)数据

百姓谁不爱好官：焦裕禄的故事/焦裕禄同志纪念馆编著. -- 郑州：大象出版社，2025.2. -- (给青少年讲红色纪念馆里的故事丛书). -- ISBN 978-7-5711-2477-9

Ⅰ.D263-64

中国国家版本馆CIP数据核字第2024TK1340号

给青少年讲红色纪念馆里的故事丛书(第三辑)

百姓谁不爱好官：焦裕禄的故事

BAIXING SHUI BU AI HAOGUAN: JIAO YULU DE GUSHI

焦裕禄同志纪念馆　编著

出 版 人	汪林中
策　　划	董中山
项目统筹	孟建华　丁子涵
责任编辑	魏代萍　李　萌　王曼青
责任校对	张英方
装帧设计	付铱铱
责任印制	张　庆

出版发行　大象出版社(郑州市郑东新区祥盛街27号　邮政编码450016)
　　　　　　发行科　0371-63863551　总编室　0371-65597936
网　　址　www.daxiang.cn
印　　刷　河南瑞之光印刷股份有限公司
经　　销　各地新华书店经销
开　　本　720 mm×1020 mm　1/16
印　　张　13.25
字　　数　130千字
版　　次　2025年2月第1版　2025年2月第1次印刷
定　　价　39.00元

若发现印、装质量问题，影响阅读，请与承印厂联系调换。
印厂地址　武陟县产业集聚区东区(詹店镇)泰安路与昌平路交叉口
邮政编码　454950　　　电话　0371-63956290

本书编委会

编委会主任

焦守云

编委会副主任

陈百行　董亚娜

主　编

郭冬冬

编　委

郭冬冬　张爱玲　付新花　徐　莹

做最亮的那颗星（代序）

我两岁时就生活在山东淄博老家，一直到11岁才回到河南兰考。每年暑假，奶奶就会左手挎个手编的篮子，右手拽着我，拿着一张写了父亲工作地址的纸条，一路走一路问。和父亲在一个屋檐下共处的时间并不多，但那些记忆中的片段拼接在一起，就是我心里最难割舍的父女情意。

在父亲刚去世的那几年，一家人几乎是在母亲的泪水中熬过来的。过年过节，母亲肯定要哭一场，最后哭得眼睛都坏了。不哭时母亲的眼睛也会流泪，她就天天用小手绢擦眼睛。过年的时候，母亲包一夜的饺子，天亮了，鞭炮声响起来，她就蒙着头在那哭。哭哭睡睡，睡睡哭哭，一整天都是那样。兰考的一个老领导说，我父亲是跑步度过了在兰考的475

天。跑步啊！谁会想到跑步的人会生病呢？怎么会不在了呀？不知道母亲那时候的日子是怎么过的。

父亲生前不断地变换工作的地方，尉氏、洛阳，后来又去哈尔滨学习，到大连工作，再到兰考。每一次调动，他都轻描淡写地对母亲说："咱们又得搬家了。"他在哪儿，哪儿就是家，多难我们都不怕。他走了，即使是柴米油盐的琐碎日子，也时时包裹着生活的考验。

父亲会带领着我们去劳动，房前屋后，种瓜种豆，领着我们种下去再观察。我们住的是平房，附近有一块特别大的草地，父亲就领着我们去养兔子。我们住在洛阳的时候，父亲就会带着我们去看《马兰花》，领着我们去看《红孩子》。父亲特别喜欢唱歌，连儿歌也唱，他还给我们唱过《南泥湾》呢。

奶奶给父亲和大伯讲道理，说天上一颗星对照着地下一个人，如果你是个好人，和你对照的那颗星就亮，就说要做一个好人，好男儿就要有担当。父亲临终的时候跟我母亲说不要给组织上添麻烦，不要跟组织上要救济。母亲也就真的坚持了一辈子，她时常教育我们兄妹几人：如果你们在外边惹事，人家不说你们是我徐俊雅的孩子，人家说你们是焦裕禄的孩子。

父亲做了奶奶心里最亮的那颗星，我们兄妹六个人也努力不去做让父亲失望的事。不管工作和生活怎样起起伏伏，父亲临终前留下的话，我们兄妹六人一直都记得。

今年是父亲逝世 60 周年，在这个特殊的日子里，焦裕禄同志纪念馆经过整理挖掘，要出版一本针对青少年读者的读物。这不仅是对父亲精神的传承，也是当代青少年的精神食粮，希望广大青少年从父亲的故事中感悟做人、做事的道理，树立正确的人生理想，坚持社会主义核心价值观，找准正确的人生方向，成为对国家、对社会有用的人才。

2024 年 8 月 29 日

目　录

第一部分
残酷斗争炼意志
——在磨炼中成长......001

辗转流离　少年苦难人生......003

日臻成熟　三封入党申请书......009

英勇机智　潜入敌区抓捕"舌头"......013

临危不惧　军号声和"空城计"......018

不畏强敌　孤胆英勇阵前埋雷......023

第二部分
科学求实讲方法
—— 在工作中探索......027

树立典型　发现王小妹......029

虚心学习　最棒车间主任......034

革新技术　与苏联专家"打擂台"......039

自力更生　造出新中国首台双筒卷扬机......044

力排众议　关心重用人才......049

带头工作　出任生产调度科科长......054

问计于民　牛棚中请教群众......060

统一思想　干部不领　水牛掉井......066

摸清底数　带队开展"三害"调查......071

关注农业　心长在花生地里......077

关怀青年　感化"开小差"的女兵......082

模范带动　树旗帜　抓典型......086

第三部分

公仆情怀放光芒

——在实干中担当......097

勤俭节约　加在旅馆房间门口的床铺......099

心系工作　休养所里的"特殊分子"......105

临危受命　服从组织安排......110

勇担重责　反对四分兰考......114

访贫问苦　我是您的儿子......118

艰苦奋斗　建"社会主义窑"......122

以身作则　坐车拒绝安置座位......127

亲民爱民　人民的勤务员......133

迎难而上　除"三害"斗争......140

实干苦干　骑自行车丈量兰考......146

一心为民　珍贵的四张照片......150

第四部分

生命绝唱震华夏

——在天地间永生......157

感天动地　一把带窟窿的藤椅......159

鞠躬尽瘁　病重住院心系兰考......164

钢铁意志　残酷的"疼痛转移法"......169

唯一遗愿　请组织上把我运回兰考......175

身后遗产　手表和《毛泽东选集》......180

魂系兰考　迁葬兰考完成遗愿......184

震撼华夏　长篇通讯传遍神州......189

附录　焦裕禄同志纪念馆简介......194

后记......197

第一部分

残酷斗争炼意志
——在磨炼中成长

艰苦的生活，坎坷的遭遇，练就了焦裕禄坚韧不拔的意志和不屈不挠的精神。生活中，他从不向困难低头；工作上，他从不向困难屈服。自从焦裕禄加入中国共产党，马克思列宁主义、毛泽东思想便成为他坚定的信仰，实现共产主义便成为他坚定的信念。正是有了坚定的理想信念，焦裕禄在工作中才充满了革命乐观主义精神，才克服了一个又一个困难。

广大青少年在生活学习过程中遇到难题的时候，应学习焦裕禄"革命者要在困难面前逞英雄"的奋斗精神，树立自己的信仰，确立自己的目标。让我们以理想信念为剑，坚守目标，努力作为，培养出"敢教日月换新天"的气魄。

面对新时代的重重挑战，当代青少年要坚守不忘初心的理想信念，勇于挑重担子、啃硬骨头，培养自己敢做善成、逆势而上的豪气，赓续奋斗精神，听从时代号召，做走在时代前列的奋进者、开拓者、奉献者，在新时代的广阔天地施展抱负、建功立业，在民族复兴的征程上汇聚排山倒海的青春力量。

辗转流离
少年苦难人生

多苦多难

青少年时期的焦裕禄经历了许多苦难，他蹲过日本宪兵队的监狱，在抚顺煤矿做过苦工，要过饭，当过长工。多苦多难的经历磨炼了他坚韧的品质。焦裕禄青少年时期到底经历了什么苦难？下面就让我们一起来了解一下青少年时期的焦裕禄吧。

1922年8月16日，焦裕禄出生于山东省博山县（现淄博市博山区）北崮山村，爷爷焦念礼为了讨个吉利，给他取名"裕禄"。焦念礼乐善好施，在修井、铺路等涉及乡亲们的事情上都是有担当的领头人。焦念礼曾吃过不识字的亏，所以下决心无论如何也要让孙子读书识字。就这样，8岁的焦裕禄开始上学了，先是在本村读小学，后来到邻近的南崮山村博山县第六高级小学继续读书。焦裕禄天资聪颖、勤奋好学，门门功课都优秀，尤其是文笔不错。他曾在《阚家泉的风景》这篇作文中这样写道："仁者爱山，智者乐水。我钦佩那些为国建立过功勋的仁人智者，更爱哺育过无数仁人智者的好山好水……"这篇作文不仅写出了焦裕禄对家乡的热爱，也抒发了他立志做仁人志士的抱负。

　　幼时的焦裕禄不大爱说话，小小年纪就知道帮家里干活，深得家人、邻居喜爱。在本村上小学的焦裕禄学习很勤奋，每天早早到校，打扫教室、读书。别人问他为什么来这么早，他说："清晨时光好，脑子清楚，学了东西记得牢。"焦裕禄不仅文化课学得好，还多才多艺，吹拉弹唱样样会。

　　上高小时，焦裕禄加入了学校的"雅乐队"，学会了二胡、小号等多种乐器，这为他参加革命后从事宣传工作打下了基础。南下尉氏县从事土改工作时，焦裕禄还经常到空场上拉二胡，群

焦裕禄故居内景，墙上挂的是焦裕禄拉过的二胡和吹过的小号

焦裕禄幼年时期读书的学堂旧址（今山东淄博市博山区南崮山小学）

众循声而来。等围观的人聚得多了，他便趁机给大伙儿宣讲党的政策，讲革命道理。这也是焦裕禄做群众工作的一种方法。

1938年，为了维持生计，焦裕禄不得不中断学业，除了在家种地，他还要跟随大人推车运货，在油坊帮忙，甚至下煤窑挖煤。当时矿工下煤窑一个班是24小时，每人领上4两电石，报酬是4斤煎饼，但矿工要带着3斤煎饼下井，当作口粮，剩下的1斤才是给家里人挣的。

不幸的是，1941年，焦裕禄的父亲焦方田因无力偿还地主的债务，又面临孩子娶妻成家需要用钱等问题，面对生活的重压，他终日愁苦，后在家中上吊自杀。1942年6月，焦裕禄因参加过红枪会被日本人以"抗日分子"的罪名，抓进了博山县城里的日本宪兵队，从此便开始了暗无天日的人间地狱生活。

在博山监狱遭受了半年的牢狱折磨后，1942年12月初，焦裕禄被押送到胶济铁路张店车站宪兵队，一个多月后，又被押上闷罐车，被送往济南日寇宪兵队。

焦裕禄本人后来回忆："到了济南，火车开到郊外，因不靠车站、车门很高，五人又捆一起，下不来，鬼子便一面打一面推，在下面的摔到石子上，有的摔断了腿，有的（摔得）鼻口流血。"

在济南日寇宪兵队，焦裕禄受到了惨无人道的残害。那时正是天寒地冻的时候，他和其他狱友已经一整天没吃没喝，一天早上，鬼子将他们十人叫去跪在一间房里，鼻子尖贴到墙上，一直跪到下午6点才放他们回去。他们集体向鬼子抗议，鬼子恼火了，便一边骂一边用水管往牢房里灌冷水，很快水就漫过了腰身，焦裕禄他们赶紧把棉衣脱下来举过头顶，鬼子却在外面拍手大笑，

焦裕禄故居

直到半夜水才慢慢退去。

不久，鬼子把从全省各地抓来的青壮劳力，押送到了辽宁抚顺的大山坑煤矿做特殊劳工。在大山坑煤矿，他们这批特殊劳工境况更为凄惨：因为所有人都在宪兵队被折磨了半年多，只剩下一身骨头，他们不能走路，却还要下矿。每天早晨，长工头拿着棍子到宿舍查一遍，谁不下矿他便用棍子毒打谁，有些人得了病也不能治。不到一个月，附近村庄被抓去的20个百姓，就有17人被折磨致死。

在煤矿上，日本鬼子根本不把矿工当人看。有时矿上检修，矿工下不了矿，他们就不让工头送饭；有时候送些窝头、咸菜，他们却又要矿工趴到地上学狗叫，每叫一声才扔过去一块窝头。

1943年4月的一天，焦裕禄下矿回来，碰到了他岳母的一个郑姓邻居，一聊起来才知道这位姓郑的邻居在抚顺消防大队工作。焦裕禄在第二天早上趁下矿时一路跑到了抚顺消防大队。在消防大队住了几天，邻居介绍他到抚顺市卫生队工作。两个多月后，焦裕禄挣下了回家的路费，但当时没有汉奸发放的劳工证是无法乘坐火车的，于是他又通过邻居安排的消防车去到沈阳，这才买到了回家的车票。

回到家的焦裕禄大病了一场，母亲李星英把剩下的二亩地变卖了一些，又卖了其他一些家用，才凑够钱抓了些药把焦裕禄从鬼门关拉了回来。

回到家乡以后，因为没有"良民证"，焦裕禄寸步难行。南崮山的汉奸听说焦裕禄回来了，就把他抓到了汉奸队部。家里只得把能卖的都卖了，凑了一些钱请伪镇长把焦裕禄保了出来。

见家乡实在待不下去了，1943年8月，焦裕禄被迫带着家人走上了逃荒谋生之路，辗转来到江苏宿迁，给园上村的地主胡泰荣做了两年长工。

1945年8月，焦裕禄得到了家乡逐渐解放的消息，便迫不及待地带着妻子、女儿回到了家乡，这才结束了颠沛流离的生活。

小小档案馆

在监狱里帮助狱友

焦裕禄被日寇抓去后，被关押在博山监狱半年之久。在狱中，他亲眼见到八路军战士不畏酷刑、英勇不屈、坚持斗争的情形，很受感动。当时正是炎热的夏季，可是鬼子却不给他们水喝，而且还在牢房里架起熊熊大火，许多狱友都被熏得昏了过去。情急之下焦裕禄攀上牢房的高窗，意外发现窗外有个小水池，他连忙把自己的布衫脱了下来，撕成布条，然后拧成绳子系上布块，从窗口吊下去浸上水，再把布块提进牢房。焦裕禄把浸在布块上的水一滴滴挤出来给狱友喝，救活了不少狱友。

日臻成熟
三封入党申请书

党悟逐渐提升

1946年1月，焦裕禄加入中国共产党，这在当时是要严格保密的，只有极少数人在场。焦裕禄的入党经历也是一波三折。焦裕禄先后写了三封入党申请书，只有一封交给了组织，最终成为一名共产党员。那为什么有两封申请书没有上交？这其中又有哪些故事呢？

1945年8月，新四军解放了宿迁，当地新生政权经常组织劳苦大众开会宣传党的政策和主张，焦裕禄认识到共产党才是真正为人民办事的。焦裕禄返回家乡后，为了参与家乡的解放运动，主动加入了民兵组织，因为严格遵守当地党组织和政府的政策纪律，他在村中威望较高，后来当上了队长。他积极参与村里的反霸反伪斗争，白天参加生产、斗争会，晚上巡逻放哨、视察敌情。

1945年8月,焦裕禄以民兵身份参与了家乡的解放运动,帮助看管俘虏

焦裕禄当民兵期间,曾多次参与革命斗争,服从党组织对民兵工作的领导,再加上早年艰难求生的经历,焦裕禄迅速地成长起来,也渐渐萌生了加入党组织的愿望。

焦裕禄找到八陡区武装部负责人肖利群,说明了来意,但是他并不知道,入党有一系列组织程序。肖利群问他:"你写过入党申请书吗?因为共产党是无产阶级先锋队,入党要具备一定的条件,不像参加民兵那么简单,你回去写一封入党申请书。"肖利群随后补充道:"下周区里开党员学习班,你可以来旁听党课。"

焦裕禄回去之后,就在申请书上写了自己退学、当苦力、坐牢、逃荒的经历,表示坚决要入党,打倒地主为亲人报仇。在旁听党课时,党小组组长批评了部分同志存在公报私仇的狭隘思想:"有的同志思想觉悟还不高,一个共产党员应该想到全中国的老百姓和普天下的受苦人,消灭剥削阶级,推翻旧社会,实现共产主义,达到世界大同,这是我们党的大目标、总目标。如果参加共产党,仅仅是为了报私仇,就不够成为一个共产党员的条件……"

焦裕禄听了这次党课后，觉得自己还不具备成为党员的条件，便对肖利群说："我的思想觉悟低，还不具备成为党员的条件，我要争取进步，再写一份入党申请书。"

在递交第二份入党申请书的时候，焦裕禄专门请了一位老党员进行指点，重点写入党动机、对党的认识和决心。但这次依然没有提交，是因为他把民兵团抓到的一个俘虏的胳膊砍伤了，违反了俘虏政策。肖利群告诉焦裕禄，一个共产党员不但要有革命热情，还要有政治观念和纪律意识。这件事也让焦裕禄进一步加深了对党的理解，于是他默默地将写好的第二封申请书收了起来。

在经历了两次思想考验后，焦裕禄更加严格地要求自己，认真学习党的理论，严格坚持党的政策纪律，并开始动手写第三份入党申请书。几经修改后，焦裕禄郑重地将这份入党申请书交给了民兵队长焦方开。

1946年1月，焦裕禄正在北崮山村的桥头上站岗，发现两个人东张西望，形迹十分可疑。焦裕禄和另一名民兵马上擒住二人，经过审问得知：他们的任务是化装深入，打探消息。另一名民兵举枪就要杀二人，焦裕禄赶紧制止："我们不能杀俘虏，还是把他们送到区里，交给组织，我们能争取一个是一个。"焦裕禄在这次对敌斗争中，表现沉着、冷静，处理得当，得到了上级组织的认可。

组织看焦裕禄成长得很快，准备吸收他入党。一天，民兵队长焦方开和在北崮山村领导工作的区委组织委员焦念文，将焦裕

博山第一党小组成立处旧址

禄叫到农民焦念祯家的一间闲房内。在焦方开、焦念文的介绍下,在党支部书记李景伦的见证下,焦裕禄加入了中国共产党。

"这时党员是绝对保守秘密的,入党时也未举行仪式,只有支书李京(景)伦讲了下党章和念了几遍党员教材,介绍了谁是党员,告诉我候补三个月,从此才参加了党……只知道共产党对穷人好,自从共产党来了自己才有了出路。入党要好好干工作,在各种工作(中)起带头作用。"焦裕禄在自传中写道。

从此,焦裕禄怀揣着对党的感恩之心,毅然投身到如火如荼的革命、建设事业中,继续战斗,继续前行,努力践行着入党誓词,逐渐成长为一名优秀的党员干部。

小小档案馆

焦裕禄入党时的誓词

我跟定共产党,要为解放全中国冲锋不止、战斗不息!我决心为实现共产主义,造福人类而吃苦在前、享受在后、奋斗一生!

英勇机智
潜入敌区抓捕"舌头"

敌后侦察

兰考县焦裕禄同志纪念馆里展示着一把焦裕禄当民兵时使用的步枪（复制品），这把步枪见证了焦裕禄参加对敌战斗的激烈场面。可你知道吗？焦裕禄不但在正面战场敢于冲锋陷阵，还接受过几次敌后侦察、刺探情报的秘密任务。让我们一起阅读下面这一节内容，来了解焦裕禄鲜为人知的战斗故事吧！

1946年7月，盘踞在山东的国民党军队向解放区发动了大规模的进攻。我军部队正面迎击敌人，要求地方民兵武装配合作战，刺探敌情，抓捕"舌头"。这次进犯崮山一带的是国民党的"王牌军"，即装备精良的74师。为摸清敌人的兵力部署和进攻日期，组织上准备找一位既熟悉周边情况又有战斗经验的地方同志，配合野战军完成侦察任务。

组织上于是找到焦裕禄，向他讲述了相关情况，并询问他本人意见，焦裕禄听后说："没问题，领导尽管下命令吧！"

此次侦察任务，组织工作尤为缜密谨慎，由师部王参谋率队，有具有侦察经验的战士若干名，焦裕禄为向导，他们在一个风雨之夜悄然出发了。

侦察小队越接近敌镇，穿梭往来的巡逻队检查得越严格。在一个隐蔽哨前，侦察小队回答了当晚才有效的口令。就这样，他们有惊无险地进了城。而他们要去的地方，便是74师师部的驻地。他们要捉的"舌头"，便是敌人驻地的伪镇长。

焦裕禄踏上一个侦察员的肩膀，顺利翻过一道高墙，并且丢下一团麻绳，其余战士也顺利捉绳上墙。焦裕禄用本地人的口音，唤开了伪镇长的门，不费吹灰之力便抓住了伪镇长。

经过一番劝导，伪镇长一五一十交代了他所掌握的74师的驻防情况，从指挥机关、警卫部队、粮仓弹药库，到部队番号、兵力装备、地堡暗堡、通信联络等，全部作了交代。为了防止伪镇长提供的是虚假情报，侦察队对他所说的情况进行了实地验证，之后勾绘出草图，换上国民党军服后，安全撤离。

如果说这一次侦察属于配合行动，那么崮山的武装部由焦裕禄率领前往博山刺探情报的行动，可以说是在考验他独自作战的智慧与能力。

当时正值博山庙会时期，虽是战乱年月，人们还是延续了千年乡俗，赶庙会，做买卖，感受热闹氛围。焦裕禄与另一位民兵化装成卖油的小贩，推起两罐豆油上了路。

在县保安队的门前街面上，焦裕禄推起油车，边走边响亮地吆喝："卖油嘞！"县保安队中走出一个文书，招呼焦裕禄将油送到他家中，焦裕禄一边卸油一边观察周边情况。在确认周围安全之后，焦裕禄使了一下眼色，那名民兵迅速掏出手枪抵在了文书脑袋上。

情况的突然转变让文书目瞪口呆，随后他供出了一条使人震惊的绝密情报：博山、淄川、章丘三县保安大队纠集还乡团武装，配合74师一部，准备在近几日血洗崮山根据地。

焦裕禄的家乡——北崮山

对于文书提供的情报，焦裕禄进行了仔细的盘问，核对好细节后，焦裕禄给他写了一张便条：

如果你提供的三县保安大队、还乡团及74师一部进攻崮山解放区情报属实，待解放县城之后，你可据此证明，获得人民政府的宽大处理……

小小档案馆

焦裕禄第一次参加战斗

王西月，北崮山村的第一名共产党员，1944年入党。时任崮山民兵班长，每隔几天他就会和焦裕禄在村桥头站同一班岗。一天，站岗的焦裕禄发现敌方岱庄的方向出现了一个人影，手里牵着一头黄牛，正朝岱庄方向走去，此时已行至崮山与岱庄的中间地带。

王西月与焦裕禄立即追了上去，发现他是崮山一位姓陈的农民。他利用高秆庄稼的掩护，欲将土改分得的耕牛高价卖到敌占区去。正当二人准备将他叫回来的时候，岱庄的地主武装也出动了，嗷嗷地狂叫着扑了上来。

二人快速地冲上前去，正要抓起缰绳，敌人首先开了枪，王西月指挥焦裕禄伏在一个坟包后，开枪还击敌人。焦裕禄端起手中的"三八"步枪瞄准敌人勾动了扳机，一个敌人应声倒下。

这是焦裕禄第一次参加真枪实弹的战斗，王西月夸赞他说："在山坡上练枪法看来很有效嘛，你这一枪就能打掉一块树皮。"

文书看了这一纸证明,感激涕零,最后焦裕禄对文书说:"还望你今后好自为之,今天只好委屈你了。"说罢与民兵一起将他绑起来反锁进他的房内,随后丢弃了独轮车,混入人群后立即撤出。

凭借这份情报,解放区民兵作了周密的部署,配合及时赶回的我军主力部队,击溃了来犯之敌。

临危不惧
军号声和"空城计"

群山响起军号声

"焦裕禄，本事高，敌人来，他不跑，爬上崮山吹洋号。什么号？调兵号，吓得敌人哇哇叫；爬着跑，滚着跑，又拉屎，又撒尿。沟也跳，崖也跳，没有娘的唤姥姥。"

这首在南崮山流传很广的儿歌，概括了焦裕禄吹号退敌、智斗敌军的故事。那么，军号声又是怎么一回事呢？让我们一起来读读下面的故事吧！

1946年的一天，国民党残部和还乡团从博山发兵，翻过岳阳山，准备从侧后方偷袭崮山解放区。执勤民兵发现敌人悄悄逼近，当即开枪示警，但敌人先头部队已逼近北崮山村，由于敌众我寡，民兵队准备从后方郭庄撤离。危急关头，焦裕禄飞步登上一个小山岗，仰天吹起了调兵号。焦裕禄参加南崮山博山县第六高级小学"雅乐队"时，对小号吹奏情有独钟，熟谙吹号技巧。当民兵后，他刻苦练习吹小号，技艺日臻娴熟。彼时那高亢嘹亮、音调规范的军号声使正在组织冲锋的敌军瞬间乱了阵脚。敌军喊道："不好！八路军正规部队来啦，快跑啊！"

正欲撤离的民兵忽然听到山鸣谷应、激动人心的调兵号，也以为我军主力已赶到，顿时士气大增，转而抢占有利地形，一齐向敌军猛烈开火。色厉内荏的敌人于慌乱中难辨虚实，只得仓皇退兵。

焦裕禄以军号声退敌，给上级领导留下了深刻印象。其实，这已不是焦裕禄第一次智退敌兵了。

1946年7月中旬，岳阳区区委接到一条紧急敌情通报：博山周边国民党三县保安大队纠集还乡团配合74师一部将于近几日血洗崮山根据地。区委召开紧急会议，共同商议如何粉碎敌军进攻的对策。

由于当时山东野战军主力转到外线作战，地方警备任务则交由民兵负责。大敌当前，形势危急。会议综合分析了敌我态势及战局。显然，敌人有备而来，而解放区民兵力量薄弱，我军主力部队回师尚需时日，难以抢占先机击退敌人。

就在大家一筹莫展之际，焦裕禄起身发言："鉴于我军主力暂时无法赶回，单靠民兵很难挡住来犯敌人的疯狂进攻，可以利用敌人对我主力部队的畏惧心理，虚张声势，巧布疑兵，在崮山周围几个村布置现场并散布消息，上演一出'空城计'，迟滞敌人进攻，为我军主力赢得歼敌时间。"

经过讨论，大家决定采纳焦裕禄提出的"空城计"作战建议。会议结束后，"空城计"便在崮山紧锣密鼓上演了。

三县保安大队出动前，派人四处打探消息。几个密探潜入崮山周围的山村，又去了黑山、岳庄、岱庄等十几个村庄，见几个村头都用粉笔写着"×团×营×连驻"，好多百姓家门口写着"×排×班驻"，有的家门口写着"×乡民兵驻"，街上不时有一辆辆蒙得严严实实的骡马大车驶过，看起来像是炮车和辎重，所有的装扮很正式，设置也很正规，密探们见状暗自吃惊，急忙回去把他们在各村的见闻作了详细的汇报。

保安大队长顿时乱了方寸，忙问："他们号（住）了多少房子？"

"崮山那一片我们都跑遍了，估摸着号（住）了不下2000间！"

"长官，老百姓说，号（住）房子的共军都是当官的领着，说是房子不够住，还商量怎么安排好师长、团长……"

保安大队长越听心里越发怵，庆幸自己行事小心，事先派人侦察，才没有吃大亏。他急令火速通知三县保安大队停止出击，转攻为守，就地修工事，掘战壕，

年轻时期的焦裕禄

加紧防备共军大规模的进攻。

小小档案馆

焦裕禄深夜"行刺"恶霸

有一次，焦裕禄到敌占区八陡区化装侦察，希望找到一个能够狠狠打击敌人的准确目标，出奇制胜，打出北崮山民兵队的威风，震慑一下敌人。

八陡区有个姓魏的恶霸地主，横行乡里，欺压百姓，对八路军眷属、革命家属进行迫害与残杀。焦裕禄事先侦察了他的宅院，制订了夜袭的计划。恶霸有七个带四合院的宅第，从大门至后墙，处处设防。行动前民兵通过宅中仆人得知恶霸卧室的具体位置，于是当天夜里焦裕禄就越墙而过，直奔其卧室，但扑了个空。最后从一个家丁口中审出，魏姓恶霸傍晚时去了博山县城，当晚不在家中。

这次暗杀行动虽未达到既定目标，但有效地震慑了附近的恶霸乡绅，使得他们很长一段时间不敢胡作非为，一定程度上保护了敌占区百姓的生命财产安全。

可两三天过去了，他们在崮山周围连个我军影子也没瞅见。5天后，博山、淄川、章丘的保安大队和还乡团恼羞成怒，朝崮山根据地扑来。此刻我军主力部队已经回到了根据地并迅速完成了战术布置，敌人一进入伏击圈，就遭到了迎头痛击。这些敌方杂牌军原本就没有什么战斗力，突然遭我军主力部队袭击，一触即溃，我军主力部队和民兵奋勇进击，一鼓作气全歼溃败之敌。

从贫苦农民到革命战士，焦裕禄表现出超于常人的机智勇敢和沉着冷静，并在血与火的残酷斗争中经受住了考验，这是其人生中重要的一个阶段，同时也为日后焦裕禄精神的形成奠定了坚实的基础。

不畏强敌
孤胆英勇阵前埋雷

置生死于度外

1946年六七月份，北崮山周边的国民党正规军、便衣队、还乡团等经常骚扰北崮山村民。当时我军主力部队已经开拔，驻守北崮山村的仅有40多个民兵，而且武器简陋，但就是在这种敌众我寡的情况下，北崮山村的民兵凭借大无畏的精神和机智灵活的战术打退了敌人的进攻。在这些战斗中，焦裕禄又发挥了什么样的作用？就让我们一起通过下面的故事来了解一下吧！

岳阳区地处博山解放区边缘，焦裕禄的家乡北崮山又是博山解放区的西大门，距敌占区仅有几里路。国民党的正规军、便衣队、还乡团等，经常整连整营不分昼夜地到解放区骚扰百姓、掠夺财物、烧毁房屋。当时，我军主力部队都到外地去作战了，对敌斗争的任务就落在了北崮山村的民兵身上。

在敌强我弱的情况下，焦裕禄仍然坚持在对敌斗争的最前线，

解放战争时期胶东民兵自制石头地雷

在武器装备极度匮乏的情况下，北崮山村的民兵发扬艰苦奋斗的精神，以非凡的智慧和勇气，用自制石雷解决了武器和弹药不足的困难。

此时的焦裕禄任岳阳区武装部干事，他带领民兵就地取材，用山上的石头制造石雷，经过无数次试验，终于造出了拉雷、钟雷、迹环雷等十几种石雷。这些石雷成了对敌斗争的有力武器，北崮山俨然成了地雷战的故乡。

有一次，敌人从博山派出两个营的兵力，袭击北崮山村。焦裕禄得到消息后，立刻安排队伍掩护群众转移至安全处，自己带领民兵迎击敌人。当敌人来到北崮山村南的一个山头时，踩到了事先埋好的地雷，当场被炸死了3人，剩余的敌人也不敢贸然再

焦裕禄当民兵时期用的步枪和石雷

往前行进，胡乱放了几枪就赶紧撤了回去。

焦裕禄同志对党的事业无限忠诚，对同志热情关怀。在战争年代里，他将自己的生死置之度外，始终冲锋在前。1946年6月的一天，国民党反动派一部袭击北崮山村。此时北崮山村的民兵正在集中学习石雷的爆破技术，得知情报时，敌人已占领了北崮山村的西大山，凭借人数和地形优势，敌方占据压倒性优势。

岳阳区武装部长王章祥明白，在这紧急关头和敌人硬碰硬肯定要吃大亏，于是对着大伙儿喊道："同志们，敌人火力太猛，不能这样打下去，大家都撤！我来掩护，快撤！"

其他民兵按照王章祥的指挥，有序安全撤离。此刻敌人开始对我方阵地进行包抄。王章祥见焦裕禄还在阵地，顿时急了："焦干事，赶紧撤！"

"不行，你负责全面工作，关系重大，我掩护，你退！"

电光石火之间，敌人的机枪交叉向两人射击，焦裕禄一把将王章祥按倒，趴在他身上，这时一颗颗炮弹在附近爆炸，焦裕禄和王章祥凭借对地形的熟悉，交替掩护，迅速向后方转移，敌人一看我方开始撤退，就大胆地追击过来，焦裕禄向后撤了一段距离后停了下来，

北崮山村村民郑汝信（右一）在向民兵讲述焦裕禄在家乡当民兵时的战斗事迹

王章祥不明所以，喊道："焦干事，赶紧撤啊！"

"我们这样跑也不是办法，必须想法甩掉他们。"焦裕禄边观察情况边镇静地说道。突然，他发现自己身上还有一颗石雷，于是他孤身越过山沟，穿过荆棘，跑到敌人的必经之路上迅速埋下了仅有的一颗地雷。不大一会儿，追击的敌人踩响了地雷，由于之前有被地雷炸过的经历，加之无法判断前方是否还埋有地雷，敌人便不敢快速往前推进，就在敌人犹豫的片刻，焦裕禄和其他40多名民兵同志迅速撤离。

面对战场上的枪林弹雨，焦裕禄镇定自若，毫不畏惧。残酷的战争磨炼了他坚强的意志，培养了他积极乐观甘于奉献的品格，焦裕禄的精神力量和人格光辉是留给后人的宝贵财富。

小小档案馆

自制石雷

焦裕禄当武装部干事时，民兵队的装备不足，弹药不够，当时博山下庄有个能工巧匠安海林，会炒制火药和制造发火装置，还有一手远近闻名的石匠活儿。焦裕禄就拜安海林为师，请教炒制火药的方法。经过多次试验，他们最终选定了用大青石来制造炸药。这种石头纹理斜生，分布均匀，脆性适中，放入火药，捻子点燃后一下就能炸开，并且碎石棱角带刺，杀伤力巨大。就这样，焦裕禄与民兵一起，背靠大山，化石为铁，广泛开发各种石雷。后来民兵们相继造出了拉雷、钟雷、迹环雷等多种石雷，并研发了布雷技术，有力地推动了胶东地区解放战争的胜利。

第二部分

科学求实讲方法

——在工作中探索

焦裕禄继承和发扬了中国共产党实事求是的优良作风。他带领兰考人民治理"三害"的过程，就是扑下身子、求真务实、真抓实干的过程。他坚持深入基层、深入群众，听取群众的意见，一切从实际出发，从人民群众的利益出发，办实事、求实效，不搞空洞无用的形式主义和花架子。正是这种重视调查研究、实事求是的工作作风，使他能够在较短时间摸清"三害"发生的规律，制定切合实际的规划，从而改变兰考的面貌。

我们学习焦裕禄精神就要学习他凡事探求就里、"吃别人嚼过的馍没味道"的求实作风，牢记习近平总书记"空谈误国、实干兴邦"的嘱托，既要仰望星空又要关注脚下，既要谋划未来又要注重眼前，发扬钉钉子精神，持之以恒、锲而不舍。

我们要沉心静气、踏实钻研。实践才能出真知，我们要学习这种脚踏实地、深入调研的工作作风，积极培养求真务实的精神，在科学的自我实践中掌握真才实学。

"千里之行始于足下"，只要我们坚持不懈，终会走上成功的大道，正所谓：山再高，登上去，终能到顶；路再远，走下去，定能到达。

树立典型
发现王小妹

树立劳动榜样

"上王村有个王小妹，小小年纪十七岁，斗地主，抓土匪，犁地耙地她都会……"

这是焦裕禄给一个叫王小妹的小姑娘创作的顺口溜，并对她的事迹进行广泛宣传。焦裕禄向来重视宣传工作，善于树立典型，激发群众的热情，引导群众积极地投入到生产中去，常常能在短时间内取得明显的效果。王小妹就是他最早树立的人物典型，而王小妹本人的事迹还被编入了扫盲课本。那么王小妹有什么样的事迹能让焦裕禄把她树为榜样进行大力宣传呢？这其中有哪些有趣的故事呢？下面我们就来一起看看吧！

1950年春季，焦裕禄任青年团尉氏县委副书记，当时青年团的主要任务是发动广大青年团员积极协助党的中心工作，发展壮大团组织，当好党的得力助手和后备军。

焦裕禄在工作中注重发现培养各类工作中的先进典型，树立

1950年6—10月,焦裕禄在河南省青年团校学习半年,结束后,回到尉氏县继续工作。图为焦裕禄(第四排右四)在省青年团校参加培训时的合影

楷模,以具体实例教育广大劳动青年。在1950年至1951年的土地改革和发展生产的运动中,尉氏县青年团中的好人好事、优秀事迹层出不穷。

1950年秋天的一天,焦裕禄和另外几名同志来到大营区上王村,忽然听到田间传来一个小姑娘吆喝牲口的声音,只见一个黑黑的瘦瘦的小姑娘,卷起了裤管儿,手拿着长鞭,赶着牛,不紧不慢地在犁地,看起来动作非常娴熟。当时受封建思想影响,别说年轻姑娘会犁地,就是出门干活儿的都很少见。

焦裕禄上前问道:"妹子,你叫什么名字?怎么会犁地?"

姑娘答:"俺叫王小妹,家里没男孩,俺爹身体不好,地里活没人干,我只好赶着牲口下地干活儿了。"

"犁地、耙地你都会吗?"

姑娘倒也不怯场,回答道:"犁地、耙地,俺样样都会,早都跟爷爷学会了。"

焦裕禄称赞道:"妹子,你真是好样儿的,大家应当好好向你学习呀!"

后来,焦裕禄多次来到上王村,找村干部和王小妹了解情况,几次走访下来,焦裕禄更加坚定了让大家学习王小妹事迹的决心。

为了让妇女冲破封建思想的牢笼,鼓励她们走出家门,解放生产力,使她们和男同志一样参加春耕生产,参与新中国的建设,焦裕禄向县委作了汇报,详细介绍了王小妹的情况,并请求县委树立王小妹这一典型,以推动群众思想方面的进步。

县委领导采纳了焦裕禄这一建议。不久,报纸刊发了王小妹犁田的新闻,王小妹也成了全县的大名人,参加了县里一年一度的春季劳模会。其后很多妇女受到鼓舞,认为男人能做到的事情,妇女也能做得到。一些上了年纪的老农却不信真有其事:"世上哪有黄毛丫头会犁地的?"

为了解除疑虑,树立榜样,教育群众,焦裕禄亲自在县城南关农场组织了"劳模"表演,专门准备了两匹骡子,一副7寸步犁。

这一天,群众听说有一个小姑娘要演示犁地、耙地,都非常好奇,方圆十多里地的群众都聚集到了南关农场,在地头看表演的人摩肩接踵,好不热闹。王小妹来到田地里,走上前去,一手握住犁,一手拿起长鞭,一甩长鞭,"嘚儿、吁吁、喔喔"犁起了地。半晌工夫,她就轻松地把这块地犁好了。人们过去一看,土地平整、深浅适中。

怀有疑虑的老农首先喝起彩来，禁不住称赞道："中啊，这个小妮儿不简单哪！"

"学习王小妹，争入青年先锋队"，尉氏县委决定授予王小妹"劳动模范"称号。

王小妹的事迹越传越远，全县男女老少都知道了这个17岁会犁地的小姑娘。其他女青年纷纷学习王小妹，走出家门，走向社会，和男同志一样参加劳动，投入到轰轰烈烈的社会主义建设中。

1951年5月，在焦裕禄的推荐下，王小妹作为青年代表参加了青年团河南省第一次代表大会。为了让王小妹学习文化知识，焦裕禄鼓励她上夜校扫盲班，还耐心地教她写字。王小妹学习很认真，很快就学会了基本的读写，成为尉氏县第一批扫除文盲的毕业学员。

焦裕禄当年带领大营区群众建的尉氏县大营镇大庙小学（图中为后来新建校舍）

王小妹回到家乡后，带头在大营区成立了全县第一个农业互助组，她也成为当时全县唯一的女组长。

王小妹时刻牢记着焦裕禄的教诲，退休以后，主动当起了焦裕禄精神的义务宣传员，为各地前去参观学习的游客讲述焦裕禄在尉氏工作时的感人事迹。

小小档案馆

焦裕禄在尉氏打柳林

尉氏县大营区是有名的黄河泛滥区。1938年6月9日，蒋介石为了阻止日军继续向西南进犯，下令在郑州花园口掘堤，黄河主流从这里经过，其中一股沿贾鲁河经中牟、尉氏、扶沟、西华、周口入颍河。此后几年，大营区深受风沙灾害影响。

1947年7月，解放战争进入战略反攻阶段，根据中央指示，山东解放区抽调部分干部随军南下。集训后焦裕禄被分配到淮河大队一中队二班任班长，后随军来到河南省，被分配到河南省尉氏县开展土改工作。

焦裕禄在大营区任区长时，大营区所在的大营村北口迎面就是大沙岗，村西几条大沙垄，地薄苗瘦，差的时候一年几茬绝收。焦裕禄通过走访，提出了"风沙两害治不住，这里的群众难享福"的思路。他用"以工代赈"的办法，用上级拨下的救济款买鲜柳树橛，并让群众在大营北地打柳林，每栽100棵柳树橛补助2斤粮食。这样既解决了群众生活困难问题，又改变了落后的生产条件。当年春天大营区就完成了500多亩的防风固沙任务，大营区九岗十八洼都披上了绿装。焦裕禄去世后，这片他带领群众栽种的柳树林被群众称作"红旗柳"。十多年后，焦裕禄在兰考治理盐碱、内涝和风沙"三害"时，就借鉴了在大营区工作时的成功经验。

虚心学习
最棒车间主任

工业"内行人"

为了尽快培养出工业管理人才,洛阳矿山机器厂(简称"洛矿")党委选派一大批优秀人才到全国各地实习,焦裕禄便被派到大连起重机器厂工作,并在这里担任实习车间主任一职。在这段时间内,他积累了丰富的工业管理经验,提升了工业管理水平,很快从工业管理的"门外汉"成长为工业管理的"内行人",被工人一致评为"最棒车间主任"。那么,焦裕禄是如何成为最棒车间主任的呢?让我们一起读读下面这个故事吧!

由于工作成绩突出,1953年4月,焦裕禄被任命为共青团郑州地委第二副书记。1953年6月,全国开始了大规模的工业建设,焦裕禄积极响应党的号召,来到了洛阳矿山机器厂工作,投身到新中国的工业建设事业中。

1955年3月,为响应"加速工业化"的伟大号召,刚从哈尔滨工业大学学习深造回来不久的焦裕禄又被派到大连起重机器厂

1956年9月，焦裕禄（前排左三）和大连起重机器厂机械车间同事与援建内地的三名工人合影

机械车间实习锻炼，并担任机械实习车间主任一职。为了尽快熟悉工作业务、积累实践经验，他主动参与工厂的生产和管理，与工人一起劳动。

为了弄清零件的工艺流程，焦裕禄跑遍了十几台大小机床。工人们在车床边操作，他就像个学徒一样，站在一边给他们打下手。图纸看不懂，他就把饭盒、茶缸当作机件，和图纸一点一点地对照，直到摸透每一道工序的加工情况。

焦裕禄看到一位老工人随手拿起一块钢，一磨这位老工人就知道是什么钢，他这才明白：不同材质的钢材打出的钢花也不尽相同。为尽快掌握辨别钢材材质的方法，焦裕禄收集了不同型号的钢材碎块，请老师傅指点，而他自己就在一旁认真地看、仔细地学，老师傅打完一块他又拿出一块，一直忙个不停。这一下可

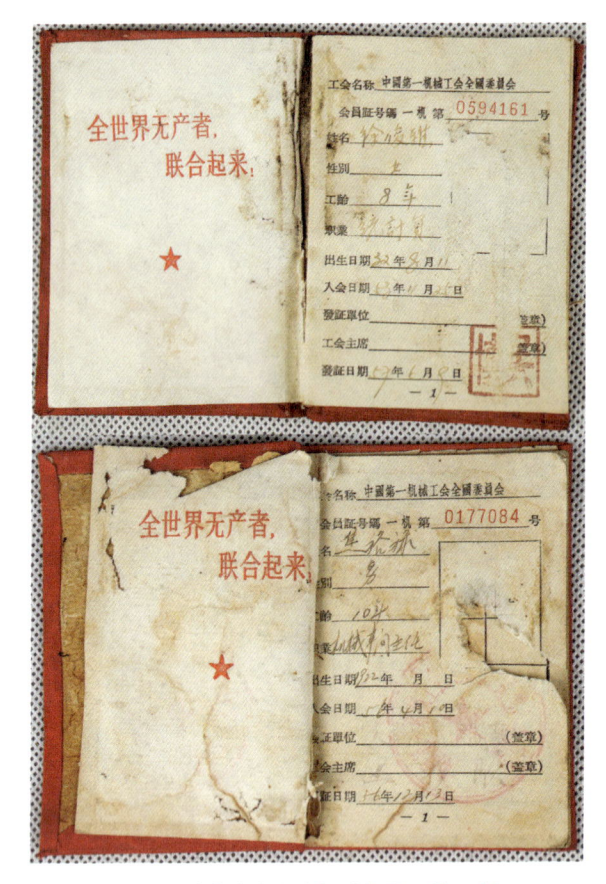

焦裕禄和徐俊雅在大连起重机器厂的工会证

把老师傅逗乐了,他风趣地说焦裕禄的衣袋是个万宝囊。

  为了学会调度工作,焦裕禄天天与调度员一起到班组安排生产,检查进度,一起到别的车间催料、催部件;为了掌握生产的全过程,他与计划员形影不离。面对生产任务繁多、人力与设备不足的困难,焦裕禄又扎身到最关键的减速机工段,详细了解每个零件、每道工序和每个设备的情况。他进行大量的调查,主持

记载洛阳矿山机器厂派焦裕禄到哈尔滨工业大学深造的档案资料

召开了生产会，在会上详细分析了情况。焦裕禄对业务的精通程度震惊了每一个与会人员，工人们一致评价他为"最棒车间主任"。

焦裕禄结合车间工作的实际，先后在工厂的《起重机厂报》上发表《减速机工段党小组是怎样保证完成计划的》《对工段长工作方法的几点体会》《谈谈前方竞赛中的问题和意见》等文章，他给厂党委写的关于经营管理、政治思想工作等方面的建议，一次次引起厂党委的重视，有些建议还形成了厂党委的工作决议。厂领导也开始注意到这个新来的实习车间主任。在焦裕禄几人结束实习准备返回洛阳矿山机器厂时，大连厂党委作出了一个惊人的决定：派两名能独当一面的工程师到洛阳矿山机器厂工作，换焦裕禄留在大连起重机器厂。

面对大连起重机器厂党委的这份盛情,焦裕禄只能婉拒并把这当作对自己的鼓励和鞭策。焦裕禄在实习时这样写道:搞工业是艰苦的,担子是沉重的,但我们是共产党人,这个担子一定能挑得起来,只要钻进去,外行也能变成内行。

大连史志办公室的资料中有这样一份记载:"焦裕禄到大连工作之前,在工业方面是门外汉,为了担负起党交给他的重担,他白天在车间向工人学习实际操作,晚上到工厂宿舍向管理人员请教理论问题,不少工人以为他是住集体宿舍的,其实他家住在远离工厂5公里的地方。"

小小档案馆

焦裕禄的求学历程

焦裕禄小学是在南崮山村博山县第六高级小学就读的,在当时的条件下,能够念高小已经是不算低的文化程度了。因为在战争年代表现优异,1947年6月焦裕禄被选派到华东军政大学学习(由于战事变化,焦裕禄没有前去报到)。1947年7月,焦裕禄在渤海区参加土改复审时被选入南下干部大队,参加了3个月的集训,这对焦裕禄来说是一次重要的进修学习经历。1950年6月至10月,焦裕禄在河南省青年团校进修了半年。1954年8月,焦裕禄被选派到哈尔滨工业大学,所学专业是焊接工艺学,这是当时哈尔滨工业大学的优势专业。

革新技术
与苏联专家"打擂台"

用事实说话

敢于质疑，勇于批判，乐于进取，尊重事实，是科学精神的内核。焦裕禄不盲目崇拜权威，重视群众的首创精神，勇于实践探索。在洛阳工作期间，还发生过一段他和专家"比武打擂"的故事。他们为什么要"打擂"？比赛结果是怎样的呢？让我们一起读一读下面的故事吧！

1956年年底，焦裕禄从大连起重机器厂返回洛阳矿山机器厂，被厂党委任命为一金工车间主任。一天，车间保管员向焦裕禄反映：最近刀具损耗率普遍升高，一天之内接连打坏了四把工艺刀。

这些工艺刀由苏联驻厂专家茹拉鲁廖夫设计，我们的工人认为设计角度有问题，焦裕禄找到苏联专家，恳切希望能改进刀具加工工艺，满足试制需求。茹拉鲁廖夫却坚持认为，这一工艺已载入苏联百科全书，刀具本身没有问题，应从其他方面找原因。

焦裕禄刻苦学习工业知识，这是他读过的书

他还认为，在这么短的时间内研制出提升机，在苏联都不是件容易的事，何况在中国。焦裕禄一时说服不了苏联专家，决定发动工人搞技术革新，攻克刀具难关。

喜讯很快传来：车间师傅用改良的刀具，将原来加工一个齿圈需要的时间从10个小时缩短至6个小时，刀具磨损明显减少。工人师傅的革新精神和聪明才智坚定了焦裕禄改进刀具的决心，他找来两名有经验的工人和技术员，继续对刀具进行改良，又成功地将加工时间缩短到4个小时。

为了让苏联专家认可并将新改良的刀具应用于生产，焦裕禄带着新刀具来到厂党委办公室，把新刀具递给厂长，并向他详细阐述了新刀具不仅解决了苏联专家设计的工艺刀加工大齿圈时崩刀的问题，而且缩短了工时，减少了磨损。

厂长十分感慨地说："这把刀改得好啊！这是进一步解放洛

矿生产力的一个突破口！"厂长又问："老焦，你有什么想法？"

焦裕禄向厂党委常委汇报了自己的想法："我想组织一次 3.2 米立车车刀表演赛，新旧刀具都用，请苏联专家和生产骨干现场参观，用事实说话，让苏联专家接受我们工人的革新成果。"

焦裕禄的想法，得到了厂党委成员的一致赞同。于是，中国工人研制的刀具同苏联专家设计的刀具打擂台的消息，立刻传遍了全厂。

当天下午 3 点，车间挤满了观擂的工人，车工孟庆章熟练地按动电钮，立车卡盘飞快地旋转，随着"哧哧"的切削声，靛蓝色的钢屑优美流畅地从刀口滑出，车间响起一片掌声和欢呼声。茹拉鲁廖夫露出了胜利者的微笑，捡起了一节钢屑问道："切出

焦裕禄（右一）与苏联专家在一起

这样好的钢屑，为什么还要改刀？"

焦裕禄朗声回答道："专家同志，现在用的正是我们改进后的车刀，接下来才是您设计的刀具。"

茹拉鲁廖夫很是惊讶，从焦裕禄手中接过他的原装刀头，用放大镜看了一下，确认是工人的刀具，接着他从自己设计好的车刀中挑出最满意的三把交给孟庆章，又按工艺要求亲自调整了车床的转速和吃刀量。车床启动，刀头刚一接触钢件，刀杆就抖动起来，调整了好几次，依然无法利落地切削钢件。

茹拉鲁廖夫接着从口袋中掏出一把万能角尺，翻来覆去地比量了好一阵，指挥孟庆章重新换上一把他的车刀。他认为孟庆章年轻，技术欠缺，就扭头对工长吕玉卿招手，示意他上机操作。吕玉卿开动了车床，茹拉鲁廖夫也登上悬台，监督操作。车床运转不一会儿，突然发出"砰"的一声，一粒刀头擦过茹拉鲁廖夫的耳边飞入人群，引起一阵喧闹，茹拉鲁廖夫愣了神儿，终于承认了自己的刀具需要改进，并对工人设计的刀具表示认可。

焦裕禄见工人革新成果获得苏联专家的首肯，就对茹拉鲁廖夫说："您设计的刀具虽不适宜加工毛坯件，但用于机件精加工没有问题，我们仅仅改进了一把小小的车刀，今后我们要继续发扬可贵的创造性，同时也要虚心学习苏联老大哥的先进技术。"

茹拉鲁廖夫见焦裕禄一脸诚挚和谦虚，很受感动，握着焦裕禄的手感慨良久。

小小档案馆

优秀的工业战线干部

在第一个五年计划中,我国确定了 156 项苏联援建重点项目,洛阳矿山机器厂就是在那个时候确定建立的。1953 年的全国组织工作会议提出,必须抽调大批优秀干部到工业战线上去,派他们去掌握新建和改建的工厂和矿山,把他们锻炼成能胜任工业建设工作的领导骨干。焦裕禄积极响应党和国家的号召,1953 年被抽调到洛阳矿山机器厂工作。1955 年 3 月,焦裕禄又被派往大连起重机器厂实习。在大连工作期间,他虚心学习,善于总结,积累了丰富的工业管理经验,提升了工业管理水平。

自力更生
造出新中国首台双筒卷扬机

从"拉牛尾巴的门外汉"到优秀工业指挥员

1958年,焦裕禄带领车间职工试制出的新中国首台直径2.5米双筒卷扬机,其使用寿命远超苏联方面设计的使用寿命,连续工作49年无故障,这是焦裕禄用匠心打造出的优秀产品。

2015年,中信重工(原洛阳矿山机器厂)把焦裕禄青年时带领工人制造的新中国首台直径2.5米双筒卷扬机运回厂里,永久地放置在公司的焦裕禄大道上。这是一台什么样的机器?焦裕禄在其中又扮演了什么样的角色?让我们在下面的故事中寻找答案吧!

1958年年初,洛阳矿山机器厂党委决定,试制中国第一台重达108吨的2.5米双筒大型卷扬机,向"五一"国际劳动节献礼。厂党委把这项艰巨任务交给了一金工车间。车间主任焦裕禄,责无旁贷成为首创国产大型新设备的生产总指挥。

面对设备不全、人员不齐、经验不足的困难,焦裕禄没有抱

第二部分　科学求实讲方法　　045

怨，决定用"解剖麻雀"的方法，和技术人员、老工人把整台机器上千个零件，从图纸资料、工艺规程，到工具材料，一件一件地熟悉。为了弄清卷扬机的关键零件、工具和加工方法，焦裕禄把重要事项逐一标记在小本子上，一有空儿，他就带上小本子到库房检查材料，到热加工车间核对部件，到机床前看加工制作，很快就熟悉了大型卷扬机的上千个零部件，做好了全流程检查试制的工具、材料和外部协调的准备工作。

试制工作刚刚开始，就遇到了卷扬机整铸齿轮加工不过关的难题。焦裕禄在滚齿机旁守了两天两夜，一边给工人打下手，一边观察和计算装卡方法、滚齿周期、吃刀数量和辅助时间，和工人一起研究如何改进工艺和提高效率，组织制作专用吊具，确保

焦裕禄（前排左五）与厂领导、车间工人、技术人员和苏联专家在我国首台直径2.5米双筒卷扬机前合影留念

吊装高效安全。

对照新的设计工艺要求，试制卷扬机需要剃齿机。由于当时没有专用设备，焦裕禄鼓励工人用旧车床进行改制。在改制和试车过程中，焦裕禄一直守在机床前，给工人打水、递工具、协调吊车。忙碌中他的右手被机器擦伤，车间工人苦劝他赶紧去处理伤口，但他依旧坚持工作，直至停车才在厂卫生所简单包扎了一下，之后又返回车间。这时候他已经患有胃病，有时候疼得实在扛不住，就从兜里掏出几片小苏打吞下去。看到焦裕禄连续熬夜，加之胃病发作，工人让他回去休息一会儿，可焦裕禄风趣地说：

"不要紧，我顶得住。屁股和板凳结合得多了，腿就会软，人就会懒，就会和工人疏远。"

制造卷扬机的那段日子里，一金工车间昼夜灯火通明，热火朝天。卷扬机的卷筒和减速器是按苏联的图纸制造的，但由于材质的问题，瓦衬和瓦壳不能合为一体。焦裕禄创造性地提出离心浇铸的办法，经过反复试验，终于浇铸出高质量的合金瓦，同时也成功制造出了离心浇铸机。

一金工车间试制直径 2.5 米双筒卷扬机期间，车间工人都是午夜 12 点下班，天亮以后接着干。焦裕禄夜间下班后，还要组织召开半个多小时的生产例会，一是总结当天的情况，二是安排次日的生产任务。为了完成既定任务，焦裕禄连续 50 多天吃住在车间，晚上就躺在长条板凳上眯一觉。1958 年 5 月，在焦裕禄的带领下，一金工车间只用了 3 个月时间，就成功试制了中国第一台

第二部分　科学求实讲方法

一金工车间办公室

焦裕禄带领工友研制出的双筒卷扬机

直径 2.5 米双筒卷扬机，它代表了新中国矿山机械制造的最高水准，填补了我国矿山机械生产的一项空白。

　　这台凝聚着焦裕禄和一线工人们大量心血的双筒卷扬机一直在义马煤业（集团）有限责任公司观音堂煤矿平稳运行，到 2007 年才退役。这台机器的额定使用年限是 20 年，到 2007 年已经服役了 49 年，超期服役了 29 年，到它退役的时候，座椅的操纵杆还能自动升降，这也成为我国工业史上的一个奇迹。

小小档案馆

卷扬机

　　卷扬机是煤炭行业以及建筑行业常用的一种运输起重设备，是一种通过卷筒的旋转来控制钢丝绳的伸长和缩回，使得重物升降的一种起重设备。

　　卷扬机的发展可以追溯到 19 世纪初，从 1827 年首台蒸汽式提升机的出现，卷扬机正式开始被投入使用，经过漫长的发展，作为提升装置的卷扬机逐渐被用于工程领域。

　　它可以水平或倾斜拖拽重物，也可垂直提升重物，具有操作简单、安装方便以及绕绳量大等特点，能广泛应用于煤矿、建筑施工、林业、水利工程以及港口等物料升降或平拖施工场合之中，有"矿井咽喉"之称，作为塔吊辅助在一般中小型建筑行业被广泛使用。

力排众议
关心重用人才

出了事情我负全部责任

一天,洛阳矿山机器厂一金工车间里,工厂保卫处的两位同志找到焦裕禄,他们要求把车间一位年轻同志带走去养猪。在焦裕禄看来,厂里为数不多的专业技术人才接受继续改造时不应被安排做非本专业方面的工作,于是他断然拒绝了,并强调如果出了事情,他自己负全部责任。那么焦裕禄为什么要力排众议坚持把这位年轻同志留下?这到底是怎么一回事呢?让我们一起来看看下面这个故事吧!

焦裕禄重视科学技术,更重视知识与人才。青年技术员陈继光,1956年毕业于大连工学院机械系机械制造专业。在校期间,陈继光是品学兼优的高才生。参加工作后勤学苦练,对技术精益求精,他擅长机械加工工艺,特别对齿轮啮合理论及其加工制造有较深的研究。

1957年,陈继光由于家庭出身及社会关系问题,得不到周围人的理解和信任。当时我国进口了一套工业设备，但是对方并没有交给我们安装图纸，面对这一情况，作为一金工车间主任的焦裕禄当即决定成立攻关突击队，并将陈继光纳入其中，这一决定很快就引起了一些议论。

一天，保卫科两位同志找到焦裕禄，他们要求把陈继光带走去养猪，继续接受监督改造。

"不能把他带走，他是我们厂里稀缺的人才，我已经和厂党委打过报告，把他调过来，做技术攻关。"焦裕禄当场拒绝。

"厂党委没有正式下文件，你这是先斩后奏。"

"我们时间紧，任务重，2.5米双筒卷扬机任务大于一切，你们让一个读了四年本科、两年研究生，学了整整六年精密机器制造的人去喂猪，他得喂肥多少头猪，才对得起党和国家对他的培养？我们搞大工业，就应该有大视野、大格局，别人不敢用他，我用！出了事情我负全部责任。"

这在当时是一件大事，全厂都传得沸沸扬扬。在厂党委会上，大家争论得非常厉害，厂长找焦裕禄谈话，想听听他的想法，焦裕禄说："国家不惜重金，聘请了数千名苏联专家来中国帮助我们搞经济建设，自己培养的知识分子却不敢大胆放手使用，这是人才的浪费。理解和信任是他们的第一需要，洛矿的机器制造，不能离开我们自己的科技人员。"他加重了语气，特别强调："政治与技术是对立的统一。政治就是政治，与技术不能混为一谈。技术是属于生产力范畴的。我国的知识分子热爱共产党，热爱社会主义祖国，热爱工厂和他自己的事业，我们没有不信任他们的理由。对待知识分子，应做到人尽其才，才尽其用，才能促进生产力的发展，加速经济建设的步伐。"

厂长说："焦裕禄同志说得好！现代化的机械产品，离开专家和技术人员是不行的，我们应该在政治上严格要求他们，在思想上团结帮助他们，在生活上体贴入微地照顾他们，在生产上大胆使用他们。一金工车间的设备安装，让技术人员来唱主角，这个经验应该在全厂推广。"

小小档案馆

《洛阳矿山机器厂志》对焦裕禄的记载

三年时间完成2米以上大型提升机460台，为我国矿山采掘提供了提升矿石、煤炭的能力，解决了当时矿山的急需，为了实现高产，在组织生产提升机方面采取三项措施：①组织产品批量生产，缩短生产周期。之后，生产调度科科长焦裕禄同志进一步发展，将不同型号提升机同类零件和各种型号桥式起重机通用零件组织一起生产，工效成倍提高。②大型提升机减速器机盖、法兰盘（关键件）一模多铸，效率提高2-3倍。③节假日不休息，延长工作时间。

以后的日子里，焦裕禄主动地和陈继光交朋友，多次请他到办公室，开诚布公地与他促膝交谈："小陈，你数年如一日，以滴水穿石的恒心，刻苦钻研技术，已显露非凡的才华。你在做完

焦裕禄（前排左二）和前来厂部报喜的职工合影

一项工作之后，总要写下详细的笔记，是不是怕人背后中伤，秋后算账？你不要怕，不要分散精力，万一出了技术问题，责任由我承担！"

陈继光一听焦裕禄如此讲，心如潮涌，思绪万千，一把抓住焦裕禄的手，泪水夺眶而出，一句话也说不出来，只对着焦裕禄深深地鞠了一躬，转身跑出了办公室。

厂长拍板定性后，工厂车间工作氛围迅速向好。陈继光在大家信任、鼓励、尊重的良好氛围中，逐渐卸掉背了多年的思想包袱。他缜密研究，大胆探索，解决了不少车间生产中的难题，成为生产革新和技术进步中的核心人物。其中有一项车间承担的

"不带空刀槽的双向人字齿轮"的加工任务，苏联专家对此束手无策，陈继光满腔热血，十分珍视这一次机会。他查阅了大量的国内外资料，精心设计了切实可行的工艺规程，与工人一起制订工作计划、采取应对措施，共同操作加工，终于按时完成了这项复杂的加工任务。后来这件事在全厂传为佳话。

带头工作
出任生产调度科科长

"政治科长"传佳话

2009年3月31日,时任国家副主席习近平同志在中信重工调研时指出:"一个人的精神不是一朝一夕形成的,焦裕禄在洛矿工作的9年,是焦裕禄精神形成的重要时期。焦裕禄精神孕育形成在洛矿,弘扬光大在兰考。"在任生产调度科科长期间,焦裕禄深入一线,科学调度,极大地提高了生产效率。他不但熟悉业务,还善于抓政治、抓思想,被称为"政治科长",留下许多感人的故事。那么,这期间焦裕禄都做了哪些事呢?我们一起读读下面的故事吧!

1959年1月,洛阳矿山机器厂全面投产,焦裕禄被任命为生产调度科科长。

焦裕禄深知生产调度科是全厂的生产枢纽,上任后便狠抓工作作风。他做事认真细致、一丝不苟,而且注意结合思想进行指导教育。看到零件管理的混乱现象后,便亲自动手对全厂仓库进

第二部分　科学求实讲方法

中共洛阳矿山机器厂委员会组织部（通知）

编号＿＿＿＿＿　　机密程度＿＿＿＿

主送　各支部

抄送　党委各部、室、监委、工会、团委

（共印 35 份）

本件　由中共洛阳矿山机器厂委员会组织部1959年1月18日印发

接市委第一工业部（58）024号通知：市委会意李万春同志代任矿山厂厂长助理，免除厂长办公室主任职务。

为了加强计划管理厂党委研究决定：将原生产计划科划分为生产计划、生产调度两科。

李万春同志任厂长助理兼计划科科长。

焦裕禄同志调任调度科科长。

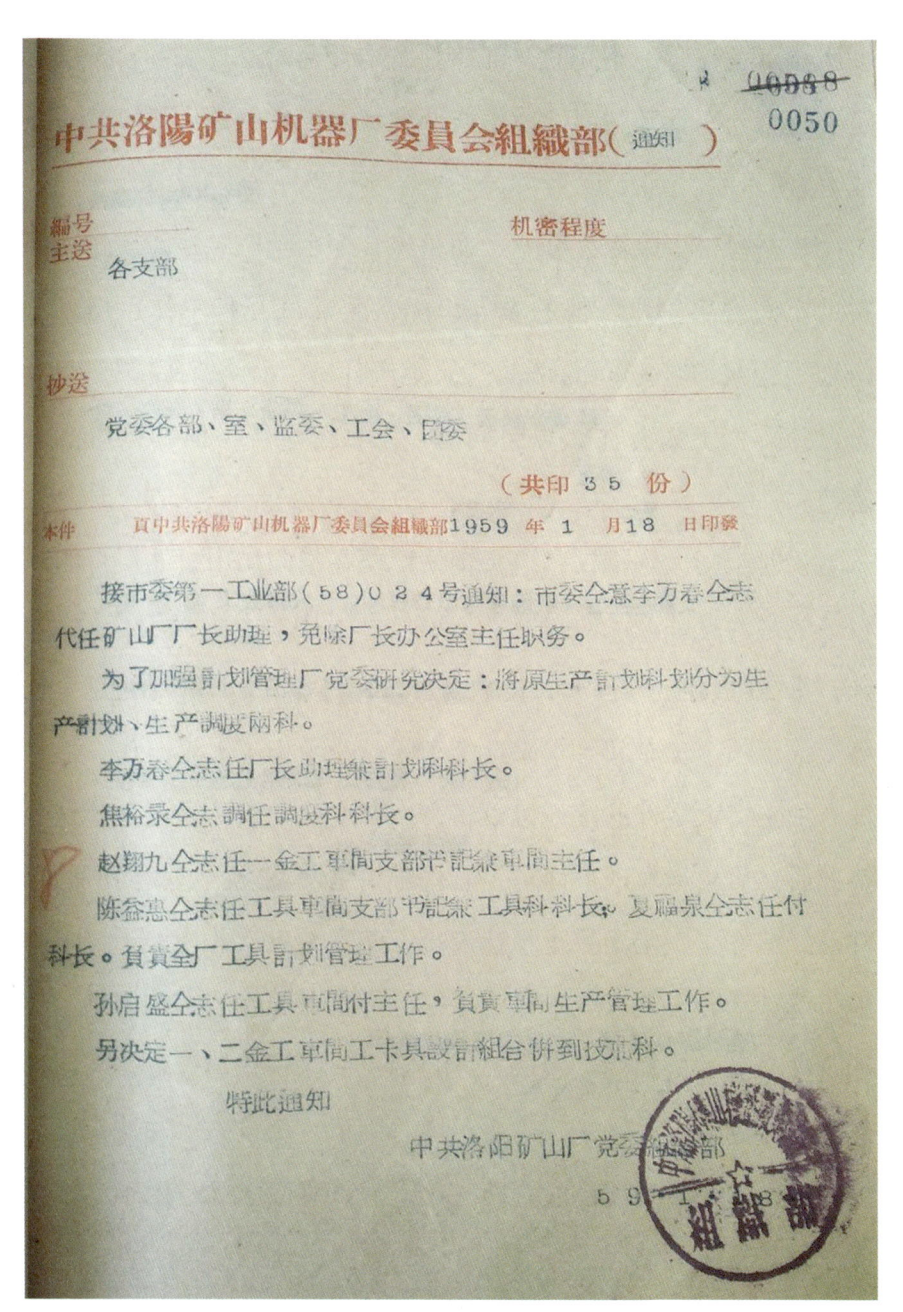

赵翔九同志任一金工车间支部书记兼车间主任。

陈益惠同志任工具车间支部书记兼工具科科长，夏福泉同志任付科长。负责全厂工具计划管理工作。

孙启盛同志任工具车间付主任，负责车间生产管理工作。

另决定一、二金工车间工卡具设计组合并到技术科。

特此通知

中共洛阳矿山厂党委组织部

59.1.18

1959年1月厂党委调任焦裕禄为生产调度科科长的档案资料

行了一次大清点,又对车间的7个仓库全部进行了整顿。他带头彻底清点了一金工车间的全部零件,结合当时工厂实际,亲手制定了一套仓库管理制度,使生产调度科由原来的落后科室,一跃成为全厂的先进科室。

焦裕禄很少坐在办公室,而是经常深入生产一线了解情况,帮助车间解决困难,他的衣兜里经常装着好几种工作手册,分门别类记载着各车间的情况。从生产任务、设备条件、劳动分布,到哪个工人有什么思想问题、家庭困难等,他都记得清清楚楚。

当时全国大炼钢铁,包头钢铁厂要在洛阳矿山机器厂订购一台焙烧窑。这件产品总重量达600吨,其中有个大齿轮直径为6米,重20多吨。零件大,技术复杂,时间紧迫,厂领导把这个任务交给了一金工车间。本来这个车间已经承担了大量工作,加之没有加工特大零件的滚齿机设备,当调度员向焦裕禄汇报了这个情况后,焦裕禄发现下面员工有畏难情绪,就说:"我们厂的条件已经够好了,咱不挑重担让谁挑?咱不干难活儿让谁干?咱们多干些难活儿,国家就不作难了。"为了克服生产中的困难,他把这项产品的全部图纸搬进了办公室,一张一张地审查,一连好几天工作到深夜,饿了,啃个干馍,困了,用自来水冲冲头。加工期间,他每天到现场检查两三次,最终克服了重重困难,按时完成了任务。

刚刚完成包头钢铁厂的生产订单,一个大型启闭机的申请又

焦裕禄（前排中）调任生产调度科科长时与工友合影

被送到了调度室，而接到生产任务的二车间因为技术难题，启闭机的生产一时停顿了下来。

调度员将车间推迟交货时间的报告交给焦裕禄的时候，发现他趴在桌子上睡着了，调度员于是将报告悄悄地放在他桌子上。焦裕禄醒来看到报告后，便立即召集车间的干部和工人开会，要求他们无论如何不能推迟交货时间。就是这样，焦裕禄又一次开始深夜和工人们一起加班。有一天加班时，因为找不到车子运送急用的零件，焦裕禄和工人们一起肩抬着零件往车间送，刚放下零件，他就晕倒在车间里。

工人们将焦裕禄送到厂医院，医生诊断他是体力透支，疲劳过度，必须进行治疗。医生在他脖子上扎了几根银针，叮嘱他注意休息。在回车间的路上，焦裕禄遇到厂党委书记路征远，他于

1960年1月16日，厂党委委员、生产调度科科长焦裕禄在生产战果汇报大会上，代表厂党委作生产动员报告，号召全厂职工鼓足干劲，实现开门红、日日红，提前完成生产任务。图为1月19日《矿机》报一版头条刊发的消息

是一边走一边和路书记汇报部门的重点工作。临分开的时候，路书记让他停一下，问他脖子上的几根针是怎么回事，他这才想起他是从医院出来的。

焦裕禄牵挂工厂生产而不愿住院治疗，洛阳矿山机器厂党委不得不采取措施，强制他去医院接受治疗，并约法三章：不允许到车间去，不允许接电话，不允许接待厂里的工作人员。可是焦裕禄"宁肯自己多受苦，不让职工心里堵；宁愿瘦掉十斤肉，不让生产落了后"，住院治疗期间他还多次关心和指导厂里的生产工作。

有一天，在病房里的焦裕禄没有听到之前经常传来的车间锻锤声音，于是就跑到医院办公室打电话到厂里问怎么回事，接电话的是主持调度科工作的老刘。因为有厂党委的指示"在焦裕禄同志住院治疗期间，不准用工作问题打扰他"，老刘便告知他一切正常，请他放心。焦裕禄怀疑有问题，就说："你不要骗我，是不是五吨锻锤出了什么问题？"老刘只好坦言相告，说自己刚接到齿轮箱的轴扭断了一根的报告。老刘很纳闷儿，问他如何得知，焦裕禄半开玩笑地说：我有顺风耳，在医院听出来的。就这样，焦裕禄即使拖着带病的身体，仍然时刻牵挂着他所从事的工作。

小小档案馆

把房子让给工人

1956年12月，厂里要给焦裕禄分一套50平方米的房子，在高兴之余，他想起了从大连起重机器厂调到洛阳矿山机器厂的老工人郝师傅，于是就与妻子徐俊雅商量，把这套房子让给郝师傅。得知焦裕禄要把房子让给自己，郝师傅深感过意不去，执意不肯住，焦裕禄几次做工作，郝师傅这才同意搬进去，而焦裕禄一家三代人则还挤在十几平方米的小房子里。

问计于民
牛棚中请教群众

不蹲下去，看不清蚂蚁

　　焦裕禄在兰考工作时，始终贯彻深入群众、调查研究的工作作风，他强调：不蹲下去，看不清蚂蚁。每到一个村庄，他都要察看当地自然环境，了解群众的生产生活情况。在城关区老韩陵村，他来到老饲养员肖位芬的牛棚，和老人家拉家常，并建立了深厚的友谊。他和肖位芬一起在牛棚里连续住了好几个晚上，并向老大爷请教改变兰考面貌的好办法。他们在牛棚里都讨论了什么？又是什么真知灼见让焦裕禄直呼是个好办法？让我们读一读下面这个故事吧。

　　1962年12月，来到兰考的第四天，焦裕禄到了城关区的老韩陵村，挨门挨户到群众家中探访，询问群众吃穿情况。他来到饲养员肖位芬的牛棚里，坐在地铺上说道："大爷，喂牲口很辛苦哇！"肖位芬回答说："解放前我啥苦没吃过？比起那时候，这不算啥。"

焦裕禄说:"和老天爷斗,要有不怕苦的精神。解放前的苦,苦得没指望。如今的苦,是先苦后甜,日子越过越好!"

肖位芬看眼前人装束平平,就问道:"你是来俺庄驻队的吧?"

随行的人介绍说:"这是新来的县委书记焦裕禄同志。"

三天之后,焦裕禄在老韩陵村召开了一次群众座谈会,晚上就住进了肖位芬的牛棚里。这一次,他给这位老饲养员出了一道题,问他改变兰考的面貌有什么好主意。

肖位芬十分为难地说:"焦书记,这么大的事儿,俺这个大老粗能有啥主意?"

焦裕禄笑道:"改变兰考面貌,人人都有份。您年纪大,有生产经验,我今天是来学习请教的。"

1962年12月9日,焦裕禄专程拜访城关区老韩陵村的老饲养员肖位芬大爷,与肖大爷促膝交谈三个夜晚,找到了通过种植泡桐树来防风固沙的办法(图为焦裕禄同志纪念馆内的塑像)

焦裕禄当年种植的泡桐树，现在被兰考人民亲切地称为"焦桐"

这位饱经风霜的老农从焦裕禄诚恳朴实的话语中看出来他是个实在人，也就打开了话匣子，把自己的心里话说了出来："沙土窝里能种泡桐树，它挡风压沙，木材用处大。村里的牲口太少了，俺村50多亩地才有一头牲口，多养牲口，才能种好地。还有，不光老韩陵，兰考的沙地都适合种花生，花生秧子能喂牲口，畜牧业也就跟着起来了，如果能给饲养员一些奖励，牲口的发展会更快。"

焦裕禄听后大声道："好！这是个好主意！"

接下来的几天，焦裕禄一直在老韩陵村附近作调查研究，针对老韩陵的牲口缺草料等现状，焦裕禄还动员了群众用3天的时间打扫垫糠400多车，收草63000多斤，并将原来牲畜轮流喂养的方式也改了，改为固定到户，承包喂养。他还同公社的同志一起统计各个村庄的受灾户和困难户，制订下一步的重要工作和计划。

1962年12月17日，焦裕禄在深入调研的基础上起草了《关于城关区韩陵公社进行巩固集体经济发展农业生产第一步工作情况的报告》。在这份报告里，焦裕禄分析了韩陵公社的生产现状和自然条件，提出了工作思路和方法：大力种植花生和泡桐树。

1963年的一天，焦裕禄来到了赵垛楼大队，他发现大灾之年里，竟然有一名饲养员喂养的7头牲口都很健壮，膘肥毛亮，不觉心中一喜。他深知在这样的年景中养好牲口的难处，于是径直奔向饲养院内，拉住了饲养员刘宗行的手，肩挨肩坐在地铺上，诚心诚意地请刘宗行介绍饲养牲口的经验。

刘宗行不懂啥叫经验，只说要实心地对待牲口，拿它们当出力种地的哑巴兄弟。为了解决草料问题，他动员一家8口人，提篮拎筐下野外，捡树叶，挖草根，有时连口热水也喝不上，整整一个春天，全家割了1万斤草喂牲口。麦子快出穗时，草料快吃完了，刘老汉急得团团打转。最后一跺脚，狠心把自己一亩自留地的麦子全割下来，生生地拿去喂牛。刘宗行讲到此处，长叹了一口气，说："人是受了屈，总算没饿死……"

焦裕禄被他这种集体主义精神感动了，紧紧地握住刘宗行的手说："喂牲口的宝贵经验，你都介绍出来了，我要带你到全县各地去作报告。"

饲养员刘宗行

焦裕禄逝世后，他曾经走访过的贫农刘宗行回忆说："我看焦书记穿着一身褪了色的蓝布裤子，里头的背心，烂得像鸡叼过一样。我心想：焦书记啊焦书记，你明明是像咱一样的庄户人啊！"

焦裕禄带头深入实际查找问题，深入农村各家各户，与群众同吃同住同劳动，真正做到了"从群众中来，到群众中去"。

小小档案馆

兰考简介

兰考县位于河南省东北部，东与山东省的东明县、曹县接壤，东南、南与商丘市民权县、开封市杞县相邻，西接开封市祥符区，西北隔黄河与新乡市封丘县、长垣市相望。全县总面积1103平方公里，截至2023年12月，兰考县辖13个乡镇、3个街道、464个行政村（社区），总人口87万。

兰考县历史悠久，历经变革。黄帝轩辕氏战蚩尤、大禹治水途经县境，黄帝子青阳氏（少昊）亡后葬于青龙岗（属红庙镇）。兰考古为京畿之地，是中原文化的发祥地之一，古称户牖、戴国，后为东昏、东明、谷城、甾县、考城。金天兴元年（1232年）置兰阳、仪封二县。后黄河漫溢，仪封县城圮于水患，仪封县并入兰阳县，兰阳县改称兰仪县。清末，为避帝讳，兰仪县改称兰封县。新中国成立后，1954年6月，兰封、考城二县合并为兰考县。

统一思想
干部不领　水牛掉井

改变精神面貌

当时兰考有不少干部对改变兰考贫困面貌缺少信心，甚至有的不愿意留在灾区工作，怕困难、怕犯错。面对这一现状，焦裕禄找到兰考副书记并进行了深入的谈话，他们一致认为，人民群众是有和困难作斗争的决心的，关键是要改变领导干部的精神状态和思想问题，要树立起改变兰考面貌的雄心壮志。

焦裕禄决心从改变领导干部思想抓起，改变其精神状态，点燃其工作热情，使其甩掉思想包袱，从而建立一支能打敢拼的干部队伍。

焦裕禄常说，县委书记要善于当"班长"，要把县委这个"班"带好，必须使这"一班人"思想齐、动作齐。他是这样想的，也是这样做的。

1963年1月，一个风雪交加的夜晚，焦裕禄召集在家的县委委员开会。人员到齐后，他并没有宣布议事日程，只是平静地对大家说了一句:"咱们到车站去看看。"大家跟随焦裕禄步行来到地处交通大动脉陇海铁路线上的兰考火车站。

虽然是朔风刺骨的冬夜,白雪皑皑的车站外面,拖家带口逃荒的灾民依然很多。焦裕禄领着大家,从挂满尺把长冰柱的屋檐下,走进空气污浊的候车大厅,许多逃荒的灾民扶老携幼拥挤在候车室里。他们正等待着国家运送灾民前往丰收地区的专车。

焦裕禄指着他们,沉重地说:"同志们,这些人绝大多数都是我们的阶级弟兄,是灾荒逼迫他们背井离乡的。这不能怪他们,责任在我们身上。党把36万群众交给我们,我们没有能领导他们战胜灾荒,应该感到羞耻和痛心……"

他没有再讲下去,所有的县委委员都沉默着低下了头。在随

兰考火车站逃荒情景（图为焦裕禄同志纪念馆内塑像）

后的会议上,焦裕禄说:"我们经常口口声声说要为人民服务,我希望大家能牢记今晚的情景,这样我们就会带着阶级感情,去领导群众改变兰考的面貌。"

之后,焦裕禄又专门召开了一次常委会,讨论兰考的革命斗争史。焦裕禄说:"兰考这块地方,是同志们用鲜血换来的,先烈们并没有因为兰考人穷灾大,就把它让给敌人,难道我们就不能在这里战胜灾害?我们常讲为人民服务,为人民服务是具体的,不是抽象的,现在正是我们为人民大有作为的时候,不然的话,我们就对不起党,对不起烈士,对不起人民对我们的期望。"

焦裕禄带领县直机关干部参观解放兰考烈士墓

一连串的阶级教育和思想斗争，使县委领导在自然灾害面前站了起来，他们摒弃了在自然灾害面前束手无策、无所作为的思想，坚定地树立了除"三害"的决心。不久，在焦裕禄的倡议和带领下，一个改造兰考贫困现状的蓝图被制订出来。这个蓝图规划在三到五年内，要取得治沙、治水、治碱的基本胜利，从而改变兰考的面貌。

当时，兰考县委大院坐落在一片碱洼地上，县委办公室由于年久失修，屋里屋外总是湿津津的，墙面总起碱掉皮，办公桌椅也很破旧。有个领导干部就提出了装潢县委和县人委领导办公室的建议，准备把桌子、椅子、茶具等办公用品全部置换掉。为了街道美观，还打算把城里一个污水坑填平，上面盖一排房子。县委多数同志反对这个建议，焦裕禄听后向他提了一个问题："坐在破椅子上就不能革命吗？"焦裕禄接着说明了自己的意见："兰考的灾区面貌还没有改变，还吃着大量的国家统销粮，群众生活十分困苦。富丽堂皇的事不但不能做，就是连想也很危险！"

后来，焦裕禄找这位领导干部谈了几次话，帮助他扭转思想认知，焦裕禄对他说："兰考是灾区，比不得丰收区。即使是丰收区，你提的那种计划，也是不应该做的。"在谈话最后，焦裕禄补充说："你到贫下中农家里去看一看、住一住，去看看他们想的是什么，做的是什么。"

焦裕禄作为县委的"班长"，从来不把自己的意见强加于人。

他对同志们要求非常严格，但他的要求入情入理。不久以后，那位领导干部认识到错误，也就不再提装修办公室的计划了。

小小档案馆

历史上兰考为何涝灾频发？

有记载以来，黄河下游已发生了多次大的改道，范围纵贯了整个华北平原。黄河自金代流经兰考县境以来，多次在境内决溢迁徙。自金大定十一年（1171年）五月，河决阳武，自广武顺河而东直至东明（现兰考县），从此黄河流经县境，金、元、明、清、民国五个时期在县境漫溢决口100多次。清咸丰五年（1855年），河决兰阳铜瓦厢，水复故道，是年河决考城县，在兰考形成了九曲黄河的最后一道弯——东坝头黄河湾，河道在县境内的走向基本呈"S"形。河道虽短，但槽高滩宽，曲折多变，游荡性很大，素有"豆腐腰"之称。

铜瓦厢决口改道后留下许多废弃堤坝，故道两侧有1—5公里的背河洼地，故道中心的河床洼地及零星的碟形洼地，形成了自然的低洼易涝区。黄河在兰考县南北迁徙，给兰考人民带来了巨大灾难。

摸清底数
带队开展"三害"调查

组成"三害"勘察队

为了战胜"三害",改变兰考面貌,焦裕禄到兰考的第二天,便深入到基层开始了调查访问。他拜群众为师,虚心向群众学习;召开座谈会,全面了解兰考灾情及其原因,寻找救灾办法;同时,深入到每家每户,了解情况,查看灾情,制订方案。

深入的调研使焦裕禄认识到:只救灾不治灾,只会越来越穷。要治理灾害,必须开展细致的调查研究。就这样,在全县范围内大规模的"三害"调查工作开始了。

焦裕禄常说:"要想战胜灾害,必须按照毛主席的指示办事,详尽掌握灾情的底细,了解灾情的来龙去脉,然后作出正确判断和布置。"

兰考"三害"中,风沙是当地老百姓每年最先面临的第一害。1963年春天,漫天的大风沙又开始在兰考大地肆虐,所到之处,埋没田园,摧折树木,刚刚播下的种子被风刮得无影无踪。焦裕禄和一位县委干部顶着狂风，冒着飞沙，登上了北大堤，他指着天空说道："风有风路，沙有沙路，水有水路，人有人路，这风向沙路规律，我们必须弄个清楚。"

为此，焦裕禄抽调 120 名干部、技术员和农民，组成"三害"勘察队，他亲自带领勘察队，追寻风沙和洪水的去向。他们从黄河故道开始，越过县界、省界，一直追到沙落尘埃、水入河道，方肯罢休。干旱季节，焦裕禄亲自用舌头辨别盐碱的种类和土的含碱量。他和调查队的同志们经常在齐腰深的水里吃干粮，蹲在泥泞里歇息。许多同志考虑到焦裕禄的肝病，劝他不要参加野外调查。焦裕禄说："吃别人嚼过的馍没味道。"

1963 年 7 月至 11 月下旬，勘察队在风里、雨里、沙窝里、激流里度过了一个月又一个月。焦裕禄靠着一双铁脚板和自行车，与勘察队成员一起跋涉 2500 余公里，调查 84 个风口、1600 座沙丘，最终完成了对全县所有沙、涝、碱的面积、分布情况及其对农作物危害程度的勘察与测量，并绘制了详细的灾害分布图。

1963 年春，焦裕禄带领勘察队在勘察沙丘

焦裕禄认为，要彻底治理"三害"，需要出台一个总揽全局的长远规划。于是他亲自起草《关于治沙、治碱、治水三五年的初步设想（草案）》（以下简称《设想》）。经过反复修改，一个系统的《设想》终于形成了。1963年7月24日，焦裕禄再次主持召开县委会，对《设想》进行审查定稿，然后印发全县贯彻执行。

焦裕禄在修改《设想》时，特意加上了这样一段话："……兰考是我们光荣的工作岗位，我们对兰考的一草一木必须产生深厚的感情，一定要把这个地区的工作作（做）好，不然我们是不甘心的。当前兰考的灾情（如此）严重，我们必须有伟大的革命胆略、冲天的干劲和实事求是的工作作风。我们有决心领导全县人民苦战三五年，完成这个生产上的革命。"

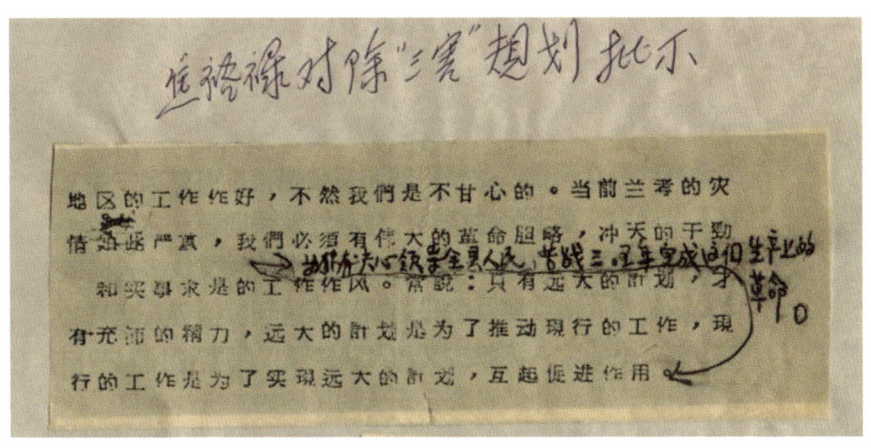

焦裕禄对治理"三害"的批示

焦裕禄还提出："治沙、治水、治碱工作既是专业工作、技术工作、经济工作，又是群众工作，也是政治工作，一定要带领广大群众参加，没有群众参加就不可能搞好。要把党的领导和群众路线结合起来，把政治挂帅和经济措施结合起来，要把群众眼前利益和长远利益结合起来，教育群众不要贪图眼前利益去破坏长远利益，这样才能办得好。"他要求各公社、大队都要建立治沙、治碱、治水领导组，以便加强这方面的工作。

焦裕禄还在《设想》上面批示："我建议该文件铅印 1000 至 1500 份，发给党支部书记以上的干部，每人一份，号召他们学习，并出谋献计，为此立功。该文件以后要在各种会议上讲，如党代会、人代会、劳模会、各种干部会。也是党课、团课的辅

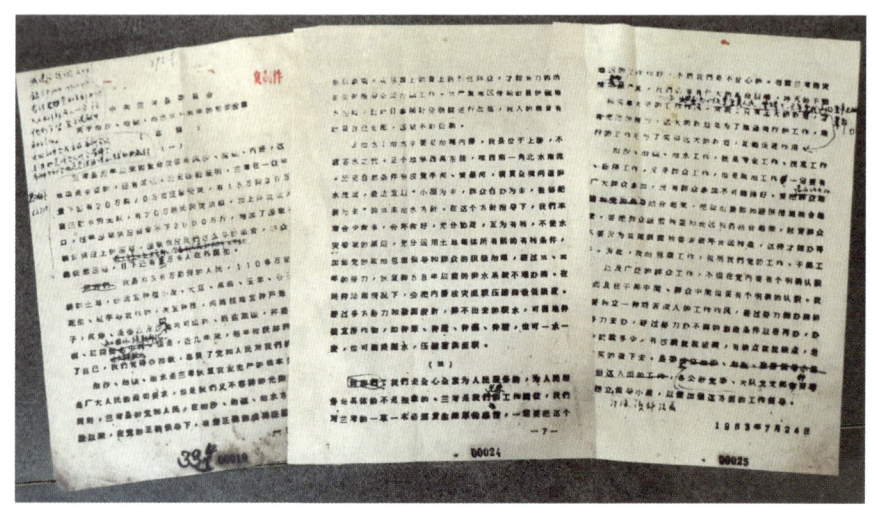

焦裕禄亲自起草的《关于治沙、治碱、治水三五年的初步设想（草案）》

小小档案馆

"三害"调查结果

风沙普查结果：

一、沙荒面积24万亩，其中国有荒地86000亩，集体荒地154000亩。分布于三义寨公社、城关公社、爪营公社、堌阳公社、南彰公社、小宋公社、张君墓公社、红庙公社、仪封公社。

二、沙丘共有261个，沙丘群63处，沙龙17条，最高沙丘9.9米。

三、大风口86处，危害耕地30万亩。其中绝收地12万亩；严重减产地18万亩，约减产粮食3000万斤。

盐碱普查结果：

全县有盐碱地262699亩，占总耕地90万亩的29.2%。其中老盐碱地146841亩，这几年因内涝新增盐碱地115858亩，分布在全县9社、1镇、93个大队、1532个生产队的耕地中。

内涝普查结果：

全县共有阻水工程164处，长280公里，涉及两省，3个专区，3个县，10个公社，97个大队，1760个生产队。受害的耕地面积30余万亩，一遇涝灾减产粮食3000余万斤。在这164处阻水工程中，有抬高路基的6处，长6公里；高底河9条，长25公里，隔堤11条，长27公里；淤塞河渠44条，长65公里；废干渠29条，长80公里；公路阻水13条，长66公里；围堤堵水14条，长20公里；控制闸阻水34处；铁路阻水4处。

导材料。"此后，全县开展了广泛的学习活动，根治"三害"的设想深入每一个兰考人的心中。

通过这种大规模的调查研究，县委基本上掌握了水、沙、碱的发展规律，几个月的辛苦奔波，换来了一整套既具体又详细的资料，从而制定出了切实可行的改造兰考的规划。

1963年7月，兰考县成立了除"三害"办公室，焦裕禄用亲劲、韧劲、拼劲影响、带动全县干部群众，开始了大规模治理"三害"的斗争。

关注农业
心长在花生地里

关心农业生产

为了做好花生生产工作，兰考县委成立了花生生产领导组，要求凡是有花生种植任务的社、队，必须有一名社长、大队长专抓此项工作。焦裕禄要求把播种面积、种植地点、土壤情况、水利设施，逐级绘图上报，按图检查执行情况。他还到老韩陵村和农民一起，做花生出芽率实验，并召开花生种植会议，研究如何种足、种好花生。那你知道在这其中发生过哪些有趣的故事吗？让我们一起来阅读下面的故事吧！

1963年的春天，焦裕禄向地区党委打报告，申请到了10万斤花生种子。种子还没有种下去，他就想到了剥花生的问题。因为那时候土地还没有承包，一切生产资料归生产队，按劳动记工分，集体分配。为了杜绝剥花生时有人偷吃花生这一现象，焦裕禄专门召开会议来研究剥花生的人员构成问题。

为了了解花生播种的情况，焦裕禄来到老韩陵村的花生试验

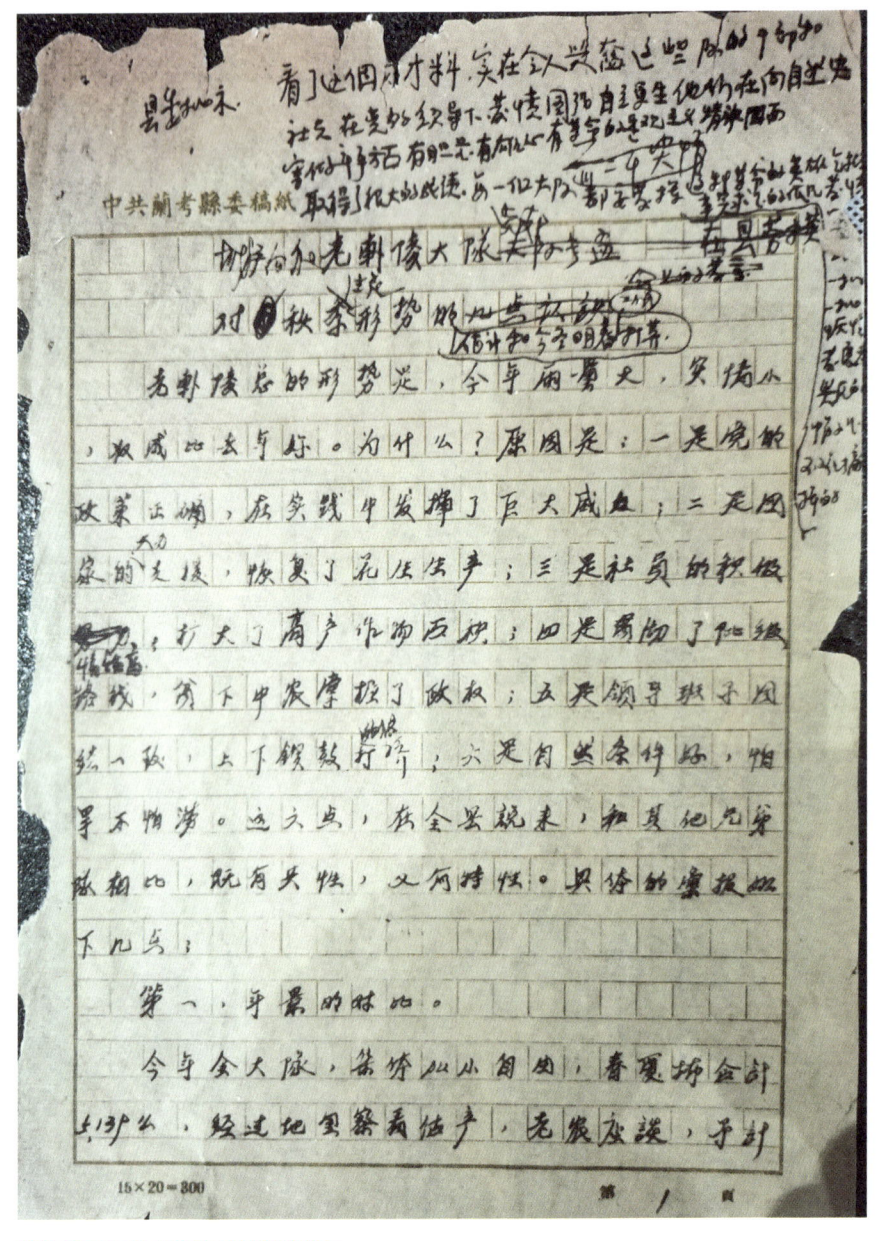

焦裕禄对有关老韩陵村材料的批示

田，社员们看到焦书记来了，都围了过来。焦裕禄要了一个锄头，和社员们一起刨坑劳动，他问身旁一个撒花生种子的青年："一个坑里撒几粒籽呢？"

"撒五个。"那个青年说。

"要我看，粒儿大的，少撒两个；粒儿小的，就多撒两个。不能千篇一律，老和尚打鼓——一个点。"

旁边一个社员说："焦书记说得对，一会儿要传给大伙儿听听。"

社员们看着他劳动，笑着说："焦书记，看你拿锄头的架势，很会种地，原本是个庄稼人吧！"

同行的张思义插话道："解放前，焦书记给地主扛过长活，叫日本鬼子抓去挖过煤，吃的苦、受的罪可多哩！"

焦裕禄一边劳动一边询问社员们的家庭情况，给大伙儿讲长征和南泥湾的革命故事，鼓励大家发扬自力更生的硬骨头精神。这时候忽然下起了大雨，社员们顶着篮子、扛着锄头往家里跑，焦裕禄仍然在雨里刨坑，有个社员跑过来说："难道大雨只会淋俺们，就不淋您吗？快回去吧！"说着，把焦裕禄手里的锄头抢了过去，他这才回到村里。

焦裕禄每逢下乡路过老韩陵村的时候，总要到花生试验田里转转，查看花生的生长情况。社员们感慨道："焦书记的心，长在俺这花生地里啦！"

在一次下乡检查生产时，焦裕禄在胡集村见到一个人的铁锹上系了一串田鼠，后来才知道这个人叫肖佩福，是当地的捕鼠能手。当时老韩陵村花生试验田正在闹鼠害，焦裕禄就找到了肖佩福。

"你真是个人才呀！老韩陵村花生地里正闹鼠害，我用县委的小车接你过去捉老鼠，怎么样？"

"中！"肖佩福爽快地答应了。

第二天，县委的吉普车果然来到胡集村，肖佩福激动地坐上车，来到老韩陵村，在那里认认真真地趴了一个多月，消除了鼠害。焦裕禄又对肖佩福说："你这手艺真是一绝呀！这样吧，你再办几期捉鼠培训班，培养一些捉鼠能手，我再用县委的吉普车给你送回去，怎么样？"肖佩福又愉快地答应了。不久，焦裕禄果真培养出了一批捕鼠能手。

1963年9月，焦裕禄再次来到老韩陵村察看花生的生产情况。得知村里1.7万亩花生将获丰收，焦裕禄要求大队长孟宪民总结该队的农业、林业、畜牧业及多种经营的经验材料，并批转全县学习。

焦裕禄赞扬的捕鼠能手肖佩福

1963年春，兰考人民治理盐碱、风沙的场景

小小档案馆

兰考"三大宝"

兰考县风沙、盐碱、内涝"三害"严重，导致土地沙化、盐碱化，土壤贫瘠，普通农作物生长比较困难，但种植泡桐、花生、大枣比较适合。焦裕禄通过实地调查，咨询专家和当地农民，提出种植抗逆性较强的泡桐、枣树、花生等作物的号召。由此，兰考逐渐形成了号称兰考"三大宝"的泡桐、大枣、花生特色产业。

泡桐是华北平原上最常见的树种，成活率高、生长快、材质好，特别适应兰考的盐碱风沙地。花生在沙壤土里能够很好地生长，历来受全县人民的重视。枣树根系发达，耐寒耐涝，适合在盐碱地和沙土地生长。在缺吃少穿的年代，大枣曾作为口粮陪着兰考人民度过最艰难的日子。

如今兰考富民产业不断扩大，蜜瓜、红薯、花生又成为新的兰考"三大宝"。

关怀青年
感化"开小差"的女兵

要像松柏那样傲然挺立

"焦裕禄,我们的好书记,你就像那泡桐树巍然挺立。战荒沙抗洪水无比坚强,不怕苦不怕难从不为自己。学习你呀,全心全意为人民;学习你呀,高高举起毛泽东思想红旗。"(《焦裕禄,我们的好书记》歌词)

焦裕禄勉励别人做一棵树,后来,他长眠于兰考大地之下,自己也化身成了一棵树。现在的兰考乃至全国人都在传唱他是一棵树。那么他为什么要勉励别人做一棵树呢?让我们一起来阅读下面这个故事吧。

有一名女大学生来到了兰考,她满怀着改变兰考面貌的期望和热忱,和兰考百姓一样,推车挑担,抬筐挥锨,出力流汗。在一次劳动中,几个眼辣口利的小伙子和一群手粗脚壮的妇女对这名女大学生哈哈嘲笑,诮词打诨:"瞧那女大学生哟,挑个土筐左摆右摇,用个脚尖儿走路,多像踩高跷,多像个《朝阳沟》里

的银环哪！"

人群中有人起哄唱起了流行一时的歌谣：

> 大学生，做么么不中，叫她挑水去，她说挑不动。叫她抬土去，她嫌肩膀痛。叫她拉粪去，她嫌臭烘烘……

在当时，豫剧《朝阳沟》被拍成电影，剧中女大学生银环成了家喻户晓的角色。别人用剧中人形象嘲笑自己，让这名年轻的女大学生感觉受到了嘲讽和戏弄，她羞恼交加，一气之下，回了开封老家。

三个月过去了，见这名女学生还是没有回来工作，县林业局的部分领导和同志主张以自动离职来处分她。焦裕禄得知了此事，来到了林业局，当即表达了自己的想法："处理同志要慎重，我不同意以自动离职来处理她。国家培养一个大学生不容易，还是要重教育，同时，也应该看到我们的工作方法有问题，看到我们的思想工作做得不深入不细致，在她的身上要看到两个方面：好的方面是，她对改变兰考面貌是持积极态度的；不足之处是有点脆弱，有点娇气。我们党组织要伸出温暖的手关怀她、教育她。"

焦裕禄接着说："每月的工资和粮票按月给她寄去，或派人亲自送去。给她去信，劝说开导她，如果她还是不回来，再处理也不晚。她一旦回来，还要教育我们的群众，不要哪壶不开提哪壶。"

随后，焦裕禄给这位大学生写了一封信："想当初，你为了治沙，翻阅了大量的资料，建议选用苏联以沥青覆盖沙丘的方法，后来你又亲自参加了治沙的战斗，这些举动，都是值得表扬的。你是知识分子，不能因为群众的几句玩笑话伤了感情，兰考面貌的改变，需要你们这些知识分子做骨干。回来吧，这里的领导和同志们都盼望你早日回来，上个月邮去的工资和粮票收到了吧？这个月的工资和粮票随信寄去。"

受到焦裕禄感化的女大学生揣着那封被泪水泡皱了的信回来了，焦裕禄同她谈话，鼓励她为兰考人民作贡献，鼓励她要像山坡上的松柏那样，无论在烈日炎炎的夏天，还是在冰雪覆地的严冬，都傲然挺立，永不变色，永不凋谢，还要像杨柳树那样，栽到哪里就活在哪里，根深叶茂，茁壮成长。

在改变兰考面貌的斗争中，涌现出了一大批英雄模范、榜样、标兵人物。该图记录下被群众推选出的优秀贫下中农代表前往省里参加河南省召开的贫下中农大会的场景

小小档案馆

超越时代30年的首创之法

在一次下乡检查植树造林和春耕生产工作时,焦裕禄得知有一个村由于管理不善,乱砍滥伐,原有的18000棵枣树只剩下2000棵。根据群众意见,焦裕禄在城关公社的余寨村第五生产队搞起了包管试点,具体办法如下:

一、每人包管一把粗的枣树6棵,两把粗的枣树1棵顶2棵,三把粗的枣树1棵顶3棵,依此类推。一把粗以下的2棵枣树顶1棵,幼树在包管区由管理者负责。

二、生产队与包管户签订合同,内容是:管理的标准是,现在的枣树棵量和空地上可以栽种的量要加在一起,将来栽活1棵,奖励干枣1斤。

三、估产包收,秋后干枣60%交生产队,40%归承包人。

四、奖惩办法:采取全奖全罚措施,超产部分归自己。实收低于估产者,属于人为造成的,按估产上交。如果是天灾造成的,按实产上交60%。

五、包管的枣树,如果被砍伐,以个人自留地种枣树赔偿。

模范带动
树旗帜　抓典型

榜样的力量是无穷的

焦裕禄说:"榜样的力量是无穷的。"1963年9月,焦裕禄曾说过:我县连续遭灾,很多生产队在生产、生活上都存在着很大的困难。要克服困难,必须不怕困难,发扬革命精神。各地都要抓住这样的典型,树立旗帜,鼓舞胜利信心。在治理"三害"斗争中,焦裕禄擅于运用树旗帜、抓典型,以点带面的工作方法,以模范鼓舞群众干劲,带动兰考人民生产自救。

1963年9月,兰考县委召开了一次盛大的全县大小队干部会议。主持会议的焦裕禄满怀激情地介绍了先进典型,并请模范标兵上主席台,让先进单位介绍经验。大会表彰了数十个先进单位,数百名模范人物。其中最突出的有:团结抗灾,依靠割草卖草度过灾荒的韩村生产队;翻淤压碱,改良土壤,取得成绩的秦寨大队;挖沟排涝夺得丰收的赵垛楼大队;坚持自力更生,种足种好小麦的双杨树大队。焦裕禄把这几个典型概括为四句话："韩村的精神""秦寨的决心""赵垛楼的干劲""双杨树的道路"。在会上，焦裕禄命名了一批"硬骨头队"，同时还命名了重视发展泡桐种植的城关公社胡集大队为林业红旗队。

　　焦裕禄在大会上说："这些先进典型所走的道路，就是兰考的新道路，只要以他们为榜样，全县就会迅速掀起除'三害'的新高潮，多灾多难的旧兰考，很快就会变成社会主义新兰考！"

兰考县四面红旗馆

榜样的力量是无穷的,焦裕禄给予这四个典型高度评价,号召全县人民学习这四个大队的工作干劲,发扬他们的革命精神,在全县范围内锁住风沙,制服洪水,向"三害"展开英勇的斗争。

韩村的精神

韩村只有几十户人家,当时的韩村地处洼地,1962年的秋天连下数天大雨,庄稼全被淹死了。焦裕禄来到韩村鼓励大家说:"有党的领导,有抗灾经验丰富的贫下中农,再大的苦难我们也不要怕。"他用形象的比喻启发大家:"小鸡有两只爪可以挠食,人有两只手,只要想劳动,就不会没饭吃!"

在这样严重的困难面前,生产队的贫下中农表明了自己的态度:不向国家伸手,不要救济粮、救济款,自己割草卖草养活自己。他们说:摇钱树,人人有,全靠自己一双手。不能支援国家,心里已经过意不去了,决不能再拖国家的后腿。

韩村的茅根草和芦苇长得很茂盛,雨水退下去后,全村男女老幼齐上阵割草,每家都割出了小山似的草垛。当年安徽省有的地方专门去韩村收草,一斤草能卖一分多钱。那年冬天,整个韩村生产队割了27万斤草。他们不仅用卖草的收入买粮养活了自己,还发展了生产,修理了农具,养了牲口,购买了7辆架子车。

1963年春,焦裕禄又来到韩村,看到大家精神饱满,对生活满怀信心,焦裕禄非常高兴,回到县里他就把韩村的情况在全县进行了通报:"韩村人生产自救的胜利,说明了一条道理:事在

韩村群众用卖草所得的钱买的牲口

人为，人定胜天。它给了我们很大的启示：在困难面前应该有不怕困难、不向困难低头、积极斗争的雄心壮志，这样才能克服和战胜困难。"焦裕禄把韩村人自力更生、生产自救的精神称为"韩村的精神"，并号召全县学习。

秦寨的决心

秦寨大队有500多户人家，4800亩的耕地中就有4200亩盐碱地，"一年种三耩，收成不见斗，旱了做盐，淹了撑船，不涝不旱，逃荒要饭"成了当地的顺口溜。

1963年夏季，一个大热天的中午，焦裕禄只身骑车来到秦寨，看到社员正在翻地，经了解，得知秦寨100多年前就已经开始进行翻地，就是在盐碱地上刮掉一层皮，从下面深翻出好土，盖在上面。社员告诉他，深翻土地，压沙盖碱，既防风又能多打粮食。焦裕禄蹲下身子，抓了一把翻上来的土，说道："秦寨真有决心，等我到秋季来的时候看庄稼啥样，如果收成好的话，就大量推广翻地。"过了半个钟头，通讯员过来了，大家才知道这是县委书记焦裕禄。

不久，焦裕禄又来到秦寨。他看到一个老人正顶着烈日一锨一锨地翻地，便关心地问："大爷，天气这么热，肚子都吃不饱，干这么重的活儿，您受得了吗？"

深翻土地前后的麦子收成对比

老人回答："不能干一天就干半天，不能翻一锨就翻半锨，好比蚕吃桑叶，一口一口地啃，我们也要把盐碱地翻个个儿。"

群众对战胜灾害的信心让焦裕禄深受感动。了解到群众生活困难后，他从外地购过来一些菱角、细粉等副食品，一个月发放3次。后来又从东北调来玉米，翻一分地分给3斤玉米，还让供销社支援了秦寨一批铁锨和粮食。为了调动大家的积极性，县委出台了一套以工代赈的补贴办法，既解决了吃饭问题，又解决了生产工具少的问题。秦寨的群众得到了极大鼓舞，全村男女老少齐上阵，不分白天黑夜，到9月份已经深翻800多亩盐碱地，当年就种上了麦子。秦寨人民一鼓作气，到1964年春天的时候已经改造了2400亩重盐碱地。

秦寨轰轰烈烈的深翻压碱运动取得了明显成效。焦裕禄在各种场合都主动宣讲秦寨人的事迹，介绍秦寨的经验，并号召全县学习秦寨不畏困难、奋发图强、苦干实干的革命精神。

赵垛楼的干劲

赵垛楼大队原是个低洼易涝的老灾区，1960年到1963年这里连续受灾，几季庄稼绝收。"春风打死，秋雨淹死"是赵垛楼灾情的真实写照，村民无粮可收，劳力几乎全部外出讨饭。

赵垛楼大队的党支部书记赵培德决心带领村民改变靠天吃饭的被动局面，他带领村民到田间挖沟渠，利用国家的救济粮实行以工代赈，吸引劳力留下来。当时挖1方土给7两粮食，很多劳力劳动一天能领到 1 斤多粮食，基本够一家人充饥。通过这种办法，赵垛楼的基本农田水利得到了极大改善。1963 年冬，赵垛楼已经挖了大小 475 条排水沟，修建水田 320 亩，基本解除了涝灾的威胁。为了防风固沙，村民在风口打造灌木防沙林带、垛防风沟墙、用淤泥压住沙丘，赵培德还争取到县里的支持，从民权县调来豆种、红薯苗。

赵垛楼的贫下中农通过开挖河道、防风固沙的办法，在连续两年基本绝收后获得了丰收。1963 年赵垛楼的庄稼收成是 1958 年以来最好的一年，除了按人头每人留足 300 斤口粮，还卖了 8

赵垛楼大队群众集体深翻土地、挖沟渠

万斤余粮，同时又支援了受灾的张王庄村 7000 多斤红薯片。大队既抓了农业生产，又发展了多种经营。麦前插白蜡条 490 亩，已长到 2 尺高，初步起到了防风固沙的作用。另外晒干草 20 万斤，坑塘河道栽蒲 200 亩，购买、繁殖牲口 8 头。

赵垛楼大队党支部书记赵培德成绩突出，被焦裕禄树为"模范党支部好书记"。同时，焦裕禄还在赵垛楼树立了"五老将"：刘宗行、王明发、王自兴、吴俊起和沈祥德。五位老汉精神抖擞，在全体村民中起到了表率作用。

兰考县委在 1963 年 9 月召开了全县大小队干部会议，表扬了

焦裕禄在赵垛楼蹲点熬夜写调查报告的场所

抗灾自救先进集体。会上，赵垛楼大队党支部书记赵培德作为典型代表发言，向全县介绍了他们深翻土地、挖沟排水的经验。会后，焦裕禄向县委、地委写了一份报告——《一个七季受灾的特重灾队，今年生产一片繁荣景象的调查报告》（以下简称《调查报告》）。他在《调查报告》中写明了赵垛楼大队的自然情况和几年来的灾情，赞扬了赵垛楼干部群众不屈不挠排水挖沟的干劲，总结了经验，找到了存在的问题，指明了改变兰考面貌的奋斗方向。焦裕禄肯定了"赵垛楼的干劲"，由此全县掀起了学习"赵垛楼的干劲"的热潮。

小小档案馆

赵垛楼防风固沙的办法

一、翻淤压沙：赵垛楼大队有一部分土地，上面是沙土，下面是淤泥，翻出淤泥压住沙土，不让沙土滚动。

二、造林固沙：在比较大的风口处，营造10行灌木配合防风林带。

三、挖防风沟，垛防风墙：在一些来不及栽树、翻淤的沙区，挖1米深的沟，再垛成墙，以阻挡一些风沙对麦苗的袭击。

四、封挡沙丘：在沙丘上盖上4-5寸厚的胶泥，然后再种上树。

双杨树的道路

自 1961 年以来，连续三年的自然灾害，压得人喘不过气来。红庙公社有个双杨树大队，1963 年，双杨树大队的庄稼几乎绝收，大队的牲口因为没有粮草而饿死了好几头。但顽强的双杨树人并没有坐等救济，而是通过积极自救来寻求生存发展之路。

双杨树大队召开群众大会，研究抗灾办法，组织农副业生产。大队抽调村里的能工巧匠，成立了副业组，日夜不停地赶做风箱，然后再安排人到漯河去换红薯干。麦种少，社员就先卖树、兑鸡蛋，再买来种子。为了发展生产，社员除集资买了牲口外，还

兰考县人民委员会发给双杨树大队的奖状

买了木杈、精地耧等生产工具。大队组织社员下地割草喂牲口，牲口不够用，就每天出动100多人一块儿拉耧。社员们说："穷，咱穷到一块儿；富，咱也富到一块儿。"焦裕禄很赞赏他们的做法，说："双杨树这种雷打不散、坚持走社会主义道路的精神值得学习。"

在9月的会议上，焦裕禄把双杨树大队列为发展集体经济的典型，并将其命名为"双杨树的道路"。

第三部分

公仆情怀放光芒

——在实干中担当

焦裕禄之所以深受人民群众的爱戴，是因为他始终走在为人民服务的第一线，是因为他发自内心深处的公仆意识。他没有把自己当成兰考县的父母官，而是把自己当成人民的勤务员。正是由于具有这样的公仆情怀，面对困难，他才能不等不靠，深入条件艰苦、矛盾集中、困难突出的地方，在群众最困难的时候，出现在群众面前，在群众最需要帮助的时候，去关心群众、帮助群众。

他视百姓为父母，视自己为人民群众的儿子，时刻将人民的冷暖放在心头，将人民的利益放在首位。一句"我是您的儿子"道出了他与人民群众深厚的血肉感情；一句"我们都是人民的勤务员"说出了他对百姓的无限真情；一个"干部十不准"折射了他严于律己的道德情操。

作为新时代青年，我们要厚植家国情怀，站稳人民立场，发扬甘于奉献的精神，树立为人民而奋斗的目标，在理想的指引下笃实前行，在服务人民、造福人民的事业中绽放青春之光。

勤俭节约
加在旅馆房间门口的床铺

节约思想不能丢

艰苦朴素、廉洁奉公、"任何时候都不搞特殊化"的道德情操是习近平要求党员干部学习的重要内容。焦裕禄精神已经成为中华民族精神谱系中的重要组成部分,是鼓舞和激励中国人民不断攻坚克难、实现伟大中国梦的强大精神动力。

1956年冬,焦裕禄与洛阳矿山机器厂的其他四名同志一同去北京出差。到北京车站下火车的时候,天色已完全黑了,其中一位同行的同志提议:"来到我们伟大的首都北京,该找个像样儿的旅馆住下,这样便于开展工作。"

焦裕禄听后说道:"住什么地方还不是一样工作。"

大伙儿走了一段路,遇到一个旅馆,从外面看不出什么,但当大家进去一看才发现:房间既窄又矮,采光也不好。几名同志一看,心情瞬间失落起来。

焦裕禄在洛阳矿山机器厂时的留影

"就这环境，我们这么多人，怎么住呀！"

"同志们，党交给我们的工作还没做，哪能先考虑自己呢？还是先完成党交给我们的任务要紧。"焦裕禄说罢就放下手中的行李，又补充道，"毛主席在延安窑洞里写出了许多伟大的著作，我们今天住这个房子比窑洞好多了。问题不在于住什么样的房子，而在于如何做好工作。"

同志们被焦裕禄说服了，也放下了手中的行李。大伙儿准备休息的时候才发现：同行的是五个人，这个房间只有四张床，还剩一名同志怎么办？

有名同志对焦裕禄说："焦主任，这个房间缺张床铺，要不再给你开一个单间吧。"

"这哪能行！我们都是一起来工作的，怎么能让我单独住一间房。不行，绝不能搞特殊。"焦裕禄连连摆手，说着他便找到旅馆服务员，询问是否可以再加个床铺。

服务员说："这房间就这么大，也没有地方再加床铺了，给你另找个房间吧。"

第三部分　公仆情怀放光芒

"房间就不用另开了,你把床铺放在门口就行了。"

见服务员还有些犹豫,焦裕禄又耐心地说:"北京旅客多,一个人占个房间,不仅影响其他旅客居住,而且还要多开差旅费。现在,国家正在搞建设,各方面都需要资金,能节省一分钱用于建设方面也是好的。"

服务员终于答应下来,焦裕禄又忙着和服务员一起抬床安铺。床安好后,他又抢先住上。其他几个人看到这种情况,很过意不去,就要求和他更换床铺,焦裕禄却笑着说:"都不要和我争了,我睡在这里感觉好极了。"

焦裕禄在出差的日子里,除了工作就是学习,工作再忙,他

焦裕禄(前排左二)与同事合影

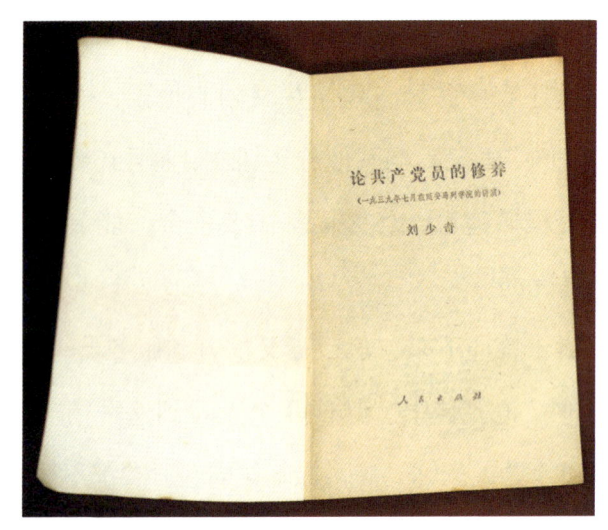

焦裕禄同志纪念馆馆藏文物《论共产党员的修养》

每天也要拿起毛主席著作单行本《为人民服务》《纪念白求恩》《愚公移山》和刘少奇同志写的《论共产党员的修养》等书，反复地阅读。为了争得更多的时间用于工作和学习，他让同事回来的时候给他捎上两个馍，买点咸菜，这就算工作餐了。有一次，同行的一位同志见焦裕禄一角钱的咸菜吃了两天还没吃完，就很不解地问道："你这样吃能行吗？出门在外很辛苦，该吃些好的。"

焦裕禄说："和革命先辈比起来，这能叫辛苦吗？现在吃的已经不错了，革命虽然胜利了，但我们还要搞建设，要集中力量发展生产力，把我国尽快从落后的农业国变为先进的工业国。同志们，我们肩上的任务还很重啊！"

焦裕禄的一支牙刷已经用了很久，但他仍然舍不得扔掉，别的同志建议他在北京买一个新的，他却说："这个牙刷还能再用些日子，不能富了就不节约。牙刷可以扔掉，而节约思想却永远不能扔呀！"

出差的日子有时需要外出联系工作，有的路程较远，焦裕禄为了节省一些开支，总是提前步行过去。能不坐车，他就坚决不坐。有的同志说："还是坐车吧，反正回去单位报销嘛。"焦裕禄却说："报销还不是用国家的钱？节约一分钱，就为国家建设添一份力量，这不更好吗？毛主席教导我们：'财政的支出，应该根据节省的方针。'我们是国家干部，处处都应该按照毛主席的指示去做才对。"

焦裕禄穿过的鞋子

许多年以后，每当洛阳矿山机器厂的同志回忆起和焦裕禄一起出差的日子时，总是感慨万千。焦裕禄积极乐观的人生态度、节俭简朴的生活习惯、只争朝夕的工作作风激励着他身边的每一个人，焦裕禄精神永远值得我们学习。

小小档案馆

中山装

焦裕禄穿过的中山装

兰考县焦裕禄同志纪念馆内收藏着一套焦裕禄穿过的蓝呢中山装，这件中山装现为国家三级文物，上面的绒毛都已经磨掉了，颜色也褪变成了灰白色，后领处有模糊的商标，上面的字迹为"地方国营大连被服厂出品"，品牌已经无法看出来。这套中山装是焦裕禄在大连起重机器厂实习时买的，也是他一生中穿过的最好的衣服。

1955年2月，由于工作原因，焦裕禄不得不中断在哈尔滨工业大学的学习，回到洛阳矿山机器厂。3月，他又被派到大连起重机器厂实习，担任实习车间主任。

那时，厂里有许多苏联专家，他们经常在周末举办舞会，焦裕禄和夫人徐俊雅常常受邀参加。为了参加舞会，爱人徐俊雅专门给焦裕禄买了一套中山装，这件中山装当时就是焦裕禄的礼服，只有在出席重要活动时他才舍得穿。来到兰考后，每次参加重要活动、会议，他都会穿上这套中山装，直到去世。

心系工作
休养所里的"特殊分子"

厂党委作了专门指示

焦裕禄长期不顾身体拼命工作,因过度劳累致使病魔缠身,后来不得不在洛阳矿山机器厂党委的强行安排下住进职工休养所。但他住院后,仍时刻惦记着厂里的生产工作,厂党委还为此专门作出指示。那么,你知道厂党委作出了什么规定?规定的背后又有哪些故事吗?下面我们就一起来看看吧!

在洛阳矿山机器厂工作期间,焦裕禄的身体已经出现了问题,但他仍然坚守在自己的工作岗位上。到了1960年年底,焦裕禄的肝病日渐严重,而且出现了十二指肠溃疡,每天只能吃二三两粮食。脸上也失去了往日那种黑里泛红的光泽,整个人显得又黄又瘦。

在工厂,同志们劝他:"老焦,你可得注意身体呀!"焦裕禄笑着说:"怕啥,这不是挺好的嘛。"

回到家，焦裕禄的爱人徐俊雅又心疼又生气："你看你，病成这个样儿，好几次都闹得挺吓人的，还不在家安安生生歇几天。"

焦裕禄宽慰道："目前，咱们国家遇到了一些暂时困难，正需要我们大家挽起手来，同心协力去克服。我能在这种时候躺下去吗？"徐俊雅了解自己的丈夫，只好叮嘱他要注意休息，时刻留意自己的身体状况。

有一次焦裕禄到厂职工医院去看病，医生严肃地对他说："焦裕禄同志，根据你的病情，必须立即住院治疗。如果继续耽误下去，那将是十分危险的。"焦裕禄不在意地说："不要紧，吃了药就没事了。"

见说服不了焦裕禄，出于医生的职责，医院领导把焦裕禄的病情反映到了厂党委。厂党委研究以后，决定让焦裕禄向科里交代一下工作，立即住院治疗。临行前，厂党委书记拍着他的肩膀风趣地说："裕禄同志，这次住院，党委对你有三个要求：第一，是安心治疗；第二，是安心治疗；第三，还是安心治疗。"

焦裕禄也笑着回答："好吧。就趁着这个机会，对我这台机器来一次全面彻底的检修，准备迎接更加艰巨的任务！"

1961年9月上旬，焦裕禄带着简单的行李和《毛泽东选集》以及其他一些业务理论书籍，来到了距离厂区不到半里的职工休养所。

入所后，医生对焦裕禄进行第一次全面身体检查。焦裕禄解开纽扣，露出来一根缠在腰间和胸部的筷子粗细的线绳子。医生

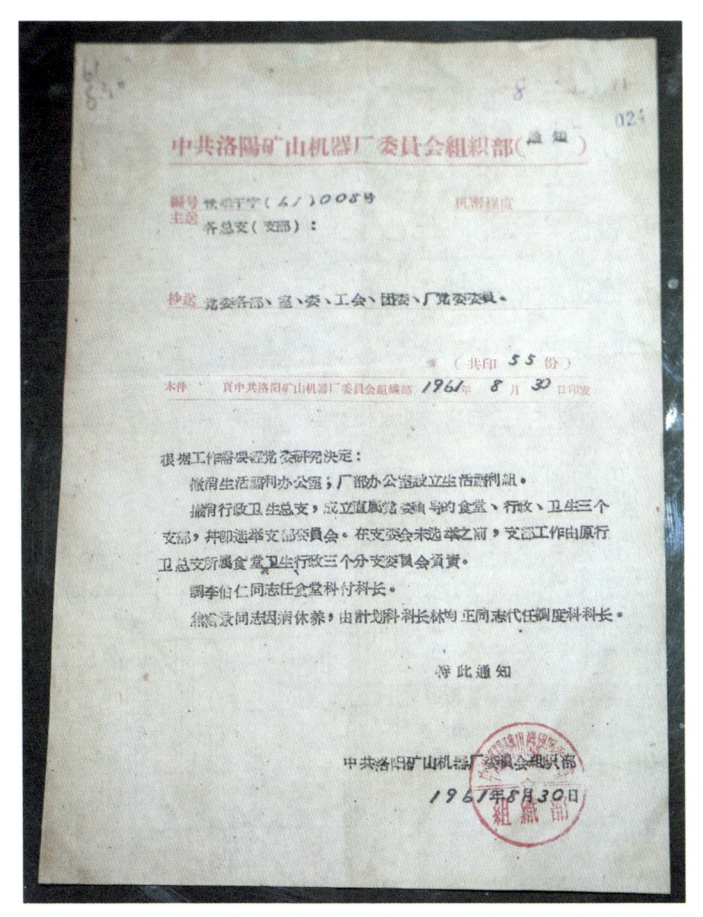

1961年8月30日焦裕禄因病被安排休养，图为洛阳矿山机器厂委员会组织部的批准文件

问他为何要系根绳子，焦裕禄笑着回答："我经常觉着身上有什么东西像锅滚一样'咯噔咯噔'地跳，用绳子勒起来，就觉着好受一些。这也算是我自己发明的一种器械疗法吧！"

医生沉默了，他清楚地知道：这是肝病严重的症状。但是，看着焦裕禄那乐观爽朗的面容，他又不敢相信，站在自己面前的，竟是一个患病严重的人。医生自言自语地说道："焦科长呀焦科长，你可真是一条铁汉子啊！"

在休养所里，焦裕禄是个既活跃又"特殊"的休养员。说他活跃，那是因为一天到晚他几乎没有闲的时候。肝部只要疼得稍微轻一些，他就帮助护理人员扫地、倒垃圾，给重病号喂饭、打开水。有时候还给大伙儿讲一段红军爬雪山、过草地的故事，鼓励病友们树立战胜疾病的勇气和信心，或者唱两段他的山东家乡戏。他在哪里，哪里就热热闹闹的。

说他"特殊"，有两个原因：一是他那种刻苦读书的劲头确实感动了不少人。他每天除帮助医务人员做一些杂事外，其余的时间几乎全部用来读毛主席著作。医生让他多休息，他就对医护人员讲："毛主席的书，是咱闹革命的法宝，它不但能指导咱们搞好工作，而且还能指导咱们战胜疾病。医疗卫生是一门科学，要想大有作为，不用毛泽东思想统率可是不行啊！"二是焦裕禄的电

中信重工（洛阳矿山机器厂）内的焦裕禄铜像

话特别多。尽管来休养所之前，他已经把各项工作安排妥当，但他仍然几乎每天都要打电话到科里去询问生产计划完成的情况。后来，他觉得在电话里有些问题说不清，就干脆和科室人员商定，每星期由科里派人来向他汇报两次生产。他说如果不掌握当天的生产进度，连吃饭睡觉都不踏实。

休养所见来焦裕禄病房汇报工作的人越来越多，越来越频繁，就向厂党委作了汇报，厂党委作出决定：禁止除医护人员和家属之外的一切人员进入焦裕禄的病房。

焦裕禄一心扑在工作上，完全忘了调养自己的身体，更别说安下心来住院休养，所以错过了最佳治疗时机，以致后来病情不断恶化，早期的肝炎逐渐转为了癌症。

小小档案馆

关心同事生活

1959年大年三十，洛阳矿山机器厂有三个单身工人因为家太远没有回家，焦裕禄就去了他们的宿舍，不仅帮他们贴了年画，还陪他们一起打扑克牌、聊天，临走时还叮嘱他们过年要给家里写信。第二天早上，焦裕禄还特意把他们请到家里一起过大年初一。他和妻子准备了很多饭菜，他还特地端上了一大盆红烧肉，让平时同样舍不得吃的三个小伙子美美地吃上一顿。这让远离家乡的工人感到特别温暖。

临危受命
服从组织安排

一定完成党交给的任务

"冬春风沙狂,夏秋水汪汪。一年辛苦半年糠,扶老携幼去逃荒。"

这是20世纪60年代兰考所在的豫东地区流传的一句民谣。当时的老百姓为了生存,纷纷外出逃荒要饭,有的人饿死在路上,有的人为了孩子能活下去,不得不忍心把孩子卖给别人。焦裕禄就是在这样的背景下来到兰考。在如此艰难的环境下,焦裕禄又将面临哪些困难呢?让我们一起阅读下面的故事吧!

1962年,兰考县正是风沙、内涝、盐碱三大自然灾害最严重的时期,全县的粮食产量下降到历史最低水平,当时亩产仅有46斤。广大人民群众食不果腹,纷纷外出逃荒。

鉴于兰考面临的严峻形势,河南省委和开封地委于是想从别的地方抽调得力干部到兰考工作。当时流传一句话"灾区栽干

1949~1989年兰考县粮食产量统计表

单位：亩、公斤、万公斤

项目 年度	播种面积	单产	总产	为1949的% 单产	为1949的% 总产
1949	1150597	38.5	4430	100	100
1950	1418800	36.75	5214	95.5	117.7
1951	1495500	40.2	6130.5	106.6	138.4
1952	1553300	49.35	6163.5	104.4	139.1
1953	1571300	45	7752.5	128.2	175.0
1954	1658800	46.8	7456	116.9	168.6
1955	1437700	60.75	6726	126.6	151.8
1956	1455200	43.75	8806.5	157.8	199.7
1957	1335900	58.5	5848.5	113.6	132.0
1958	1169100	66	6931	151.9	156.4
1959	1121300	43.6	7432.5	171.4	167.8
1960	1208475	43.6	5271.5	113.2	119.0
1961	1119694	35.1	3933	91.2	88.8

346　　兰考县志

续表

项目 年度	播种面积	单产	总产	为1949的% 单产	为1949的% 总产
1962	1095028	23.1	2531	60.0	57.1
1963	1261581	27.8	3512	72.2	79.3
1964	1149070	42.5	4901.1	110.4	110.6
1965	1114162	72.5	8115.25	188.3	183.2
1966	1114032	60	6696.6	155.8	151.2
1967	1116782	58.5	6573.55	151.9	148.4
1968	1194237	66.85	7984	173.6	180.2
1969	1174138	74.1	8702.5	192.5	196.4
1970	1263154	88.4	11164.65	229.6	252.0
1971	1230865	78.85	9706	204.8	219.1
1972	1307401	79	10351.5	205.2	233.9
1973	1345905	81	10916.5	210.4	246.4

1962年春天，风沙打毁了21万亩麦子，秋天内涝淹坏了30多万亩庄稼，盐碱地上有10万亩禾苗碱死，兰考全县的粮食产量下降到了历史最低水平。图为1962年前后兰考粮食产量统计表（摘自1999年版《兰考县志》）

部"，有的人一听说去兰考，就想尽办法推脱，不愿去赴任。有一位同志在谈话中得知要去的地方是兰考时，一下子就情绪失控，跑到厕所里哭了起来。

就在选派干部工作迟迟无法开展之际，时任开封地委书记的张申想起了一起在尉氏工作过的焦裕禄，知道他特别能吃苦，更重要的是，他知道焦裕禄是个能干事、会干事的好干部。

1962年年底，张申找到了焦裕禄，代表组织和他谈话，张申详细介绍了兰考的情况以及焦裕禄将要面临的困难，张申特意强调："兰考是个重灾区，你去兰考有'三最'——'最穷、最苦、最难'，整个豫东这块地方没有第二处比兰考更苦更难的了，到兰考任职，要有接受最严峻考验的准备。"说完这些，他让焦裕禄自己作决定。

焦裕禄在工业战线就是正县级干部，环境好，福利高，组织上先是把他调到尉氏地方工作，工资降了40多块，他没有任何怨言，积极认真地做好本职工作。这次组织上又准备派他到多灾的兰考工作，焦裕禄仍然没有丝毫的畏难和消极情绪，当即表态："感谢党把我派到最困难的地方，越是困难的地方越能锻炼人。请组织上放心，不改变兰考面貌，我决不离开那里！"

1962年12月2日，开封地委报请河南省委组织部同意，明确焦裕禄代理兰考县委第二书记，主持县委全面工作，即日赴任。

当时的焦裕禄已经患有肝炎，如果他找医生开一个诊断证明就可以避免赴兰考工作，但他没有这么做，焦裕禄说："现在兰考正处在困难的时候,党组织把这副担子交给我,是对我的信任。我相信,那里有党的领导,有36万要求革命的群众,什么困难都可以克服,我一定完成党交给的任务!"

组织上让焦裕禄安置好家属再去报到,他说:"兰考正在严重的困难时期,那里的群众正盼望党组织派人来,以便组织他们跟困难作斗争!"12月6日,焦裕禄拿着一封介绍信,便只身前往兰考报到。他上任不久,便统一了干部思想,开展了治理"三害"的工作。

小小档案馆

棉衣的故事

组织上选派焦裕禄赴兰考工作的时候正值寒冬腊月,尉氏县委的同志们考虑到兰考县北临黄河,风大沙多,又想起焦裕禄到现在也没有一件棉衣,在那里没有棉衣是无法过冬的。于是,大家一致提议给焦裕禄做一套新棉衣。同志们怕焦裕禄不收,就决定由县委出面作出决定,可是焦裕禄还是不答应。尉氏的同志只好又请示地委,地委的负责同志认为尉氏县委做得对,要尽快办好。不料新棉衣还没有做好,焦裕禄已经赴兰考上任了。最后,尉氏县委派办公室的同志把棉衣送到了兰考,并附上一封信,告诉焦裕禄这是县委常委会的决定,地委也批准了,焦裕禄看到信后才收下了棉衣。

勇担重责
反对四分兰考

立下军令状

科学求实、迎难而上是共产党人的宝贵品质,也是焦裕禄精神的重要内容。面对兰考严重的自然灾害,面对省委在会议上要将兰考划分给周边四个县的处境,焦裕禄毫不犹豫地立下军令状,他以共产党员大无畏的革命气概和越是艰难越向前的超凡勇气,决心带领兰考人民从重重困难中闯出一条生路。那么,省委为什么要将兰考拆分?焦裕禄在会上都说了什么?让我们从下面的故事中寻找答案吧。

1963年3月,焦裕禄刚刚到任三个多月,河南省委第二书记何伟到兰考调研。与何书记一块儿来的,还有兰考周边开封县(现河南省开封市祥符区)、杞县、民权县、东明县(1963年4月,河南省东明县划归山东)四个县的县委书记。

在会上,何伟表示:"兰考是豫东平原的一个贫困县,千百年来,风沙、内涝、盐碱把兰考折腾得饿殍遍地、民不聊生。解放十几年了，面貌也没有太大的改变，百姓生活是雪上加霜，苦不堪言。今天把兰考周边四个县的主要领导请来，想给你们加一些担子，把兰考一分为四，这样兰考的问题也许会好办些。我今天是先给你们吹吹风，听听大家的意见，有什么说什么，直来直去更好。"

对于这样的安排，周边四个县的县委书记一致表态愿意接受省委意见，无条件接受从兰考调整给本县的那一部分。

听到大家的发言，焦裕禄心里很不是滋味，会场沉默了片刻，他站起来说："我个人认为，不能拆分兰考。1950年到1956年，兰考人民并不缺吃少穿，是一些特殊的社会原因和自然原因才使得人民背井离乡，逃荒要饭的。这不是兰考人民不勤劳，也不是兰考干部没本事，是天灾加人祸造成的灾难。治理'三害'，兰考干部群众是有经验的。只要我们老老实实领着群众干，三年时间一定可以带领群众改变兰考面貌，三年改变不了面貌，我们自动辞职，不劳省委分配工作，回老家种地去。"

焦裕禄的态度，令何伟大为感动。会议结束后，他到秦寨看群众压碱，到张庄看群众封沙，一连看了80多个风口、沙丘和低洼盐碱地块。何伟越看越

20世纪60年代的兰考房屋

焦裕禄工作期间的兰考县委办公室

有信心，说县里解决不了的困难，省委可以帮助解决。

焦裕禄斟酌片刻，谨慎提出："封闭沙丘，挖河排涝和安排群众生活，都需要经费物资，请省里帮助兰考解决40万元经费。"

何伟见焦裕禄下了很大决心，慨然说道："我马上汇报协调，上级能解决更好，解决不了，我就是当裤子、卖鞋、押袜子，也给你们凑够！"

1963年6月底，焦裕禄召开了全县会议，提出要从7月起，对全县的"三害"进行全面勘察和治理，开始全面治理"三害"的行动。

在焦裕禄的坚持下，拆分兰考的提议被否决了，省里的拨款也很快发了下来。除购买劳动工具外，县委还派人去外地购买粉条、木薯片等代食品分发给群众。这批物资帮助兰考群众度过了那段艰难的时期。

小小档案馆

划拨物资经费给兰考

1963年，河南省委第二书记何伟到兰考考察工作，在全面了解兰考的情况和听取了焦裕禄的表态发言后，何书记表示要在政策、物资上全力支持兰考。他向省委主要领导作了汇报，省委协调银行、民政局、财政局等有关单位，先期给兰考协调了统销粮1400万斤，生产自由贷款400万元，在此之后，财政局又无偿给兰考提供了除"三害"工具款40万元。在那个年代，40万元算是一笔巨款，当时一把铁锹才2元，一辆架子车才30元。上级划拨的这些物资和经费为兰考的抗灾提供了有力保障。

访贫问苦
我是您的儿子

在群众最困难的时候，出现在群众面前

焦裕禄之所以深受人民群众的爱戴，根本原因就在于他始终与老百姓心相连、情相依，同呼吸、共命运，他视人民群众为衣食父母，诚心诚意当人民公仆。焦裕禄常说共产党员应该在群众最困难的时候，出现在群众的面前，在群众需要帮助的时候，去关心群众，帮助群众。他是这样说的，也是这样做的。在风雪铺天盖地的时候，他带领干部为困难群众送去救济粮款。对人民的爱，是焦裕禄最深沉的情怀。

1963年12月的一个晚上，鹅毛大雪铺天盖地，望着满天的风雪，焦裕禄心里惦记的是群众缺不缺吃的，有没有柴烧，牲口会不会冻死。他连夜电话安排各公社做好"雪天六项工作"。雪下了一夜，焦裕禄办公室的灯也亮了一夜。天刚亮，焦裕禄就召集县委委员们开会，他说："在这大雪封门的时候，我们不能坐在办公室里烤火，应该走到群众中间去，共产党员应该在群众最

困难的时候,出现在群众面前。"

会议一结束,焦裕禄就带领党员干部,冒着风雪来到道南梁孙庄梁俊才家中,焦裕禄一进屋就坐在老人的床头,亲切地问饥问寒。老大爷问:"你是谁啊?"

焦裕禄说:"我是您的儿子。"

"儿子?"梁俊才疑惑了。旁边人告诉他:"这是咱县委书记焦裕禄。"

老人又十分不解地问:"焦书记,这大雪天你来干啥?"

"毛主席叫我来看望您老人家。"

老大爷眼里噙着泪说:"解放前,大雪封门,地主来逼租,撵得我蹲人家的房檐,住人家的牛屋。要是在旧社会,我这把老骨头早沤烂了。"

焦裕禄安慰老人说:"梁大爷,有什么苦难,您只管说就好了。"双目失明的梁老太太感动得不知说什么好。

"孩子啊,俺看不见你,你过来叫俺摸摸你。"老大娘用颤抖的手抚摸着焦裕禄说,"我多想看一眼共产党的好干部啊!"

离开梁孙庄后,一行人又来到王孙庄,走向一间低矮的小屋。焦裕禄见这家的房子很破旧,厚厚的积雪几乎要把它压倒,焦裕禄转身对身旁的同志说:"把他们的生产队长找来。"

一行人进门后发现这里住着一位老大爷。没多大会儿,生产队长来了,焦裕禄便和他商量怎样把队里的贫下中农发动起来,帮老大爷把房子翻盖一下。老大爷在一旁听了,凑在焦裕禄脸旁问："你是谁？哪里来的？咋这样好？"

生产队长对老大爷说："这是县委焦书记，特地来看您老人家的！"

老大爷听罢，忙拉着焦裕禄的手左看右看，沉默了半天才说："你跑了这么老远的路，冷吧？"

焦裕禄说："老大爷，只要咱贫下中农都能吃饱穿暖，住上遮风避雨的结实房子，我们的心就放下了。"

老大爷一把鼻涕一把眼泪地把他在旧社会怎样遭受伪保长毒打的苦难经历，详细地讲给大伙儿听。最后他说："要是在旧社会，这大风大雪不知要冻死多少像俺这样的苦命人哩！"

焦裕禄默默地听着，安慰老大爷说："我们在党和毛主席的领导下，把旧社会推翻了，什么时候我们能把兰考的盐碱、水涝和风沙制服，咱们就彻底翻身了。这样的日子不会远，大爷，您能看到的。"

焦裕禄穿过的帆布长雨衣

13日晚上，风雨交加，焦裕禄身披雨衣，提着2斤羊肉、2斤红糖、3斤大红枣、5斤黄豆，去看望土山寨村村民郭汪民。他敲了敲门说："大娘，我来看您老人家啦！"

郭大爷打开门，感激地说："老焦，天这么晚你咋又来了？"

焦裕禄坐在大娘的床头说："大娘，您的病好点了吧。我今天去红庙，听医生说，羊肉、红枣、红糖、黄豆放在一起熬汤喝，可以治浮肿病，我特意给您带来点试试。"

郭大娘一听不知说什么好，不停地说："你真好哇！"

焦裕禄忙说："大娘，这是毛主席教我这样做的。"

大娘连连赞同地说："只有毛主席领导下的共产党才能教育出来这样好的干部啊！"

小小档案馆

"雪天六项工作"通知

面对风雪天，焦裕禄担心群众温饱问题，连夜通知各公社做好六项工作。

①所有农村干部必须深入到户，访贫问苦，安置无屋居住的人，发现断炊户，立即解决。

②所有从事农村工作的同志，必须深入牛屋检查，照顾老弱病畜，保证不冻坏一头牲口。

③安排好室内副业生产。

④对于参加运输的人畜，凡是被风雪隔在途中的，在哪个大队的范围，由哪个大队热情招待，保证吃得饱，住得暖。

⑤教育全体党员，在大雪封门的时候，到群众中去和他们同甘共苦。

⑥把检查执行的情况迅速报告县委。

艰苦奋斗
建"社会主义窑"

自力更生

"看到自己的阶级兄弟受苦,心里像刀剜。"

"我们常讲为人民服务,为人民服务是具体的,不是抽象的,现在正是我们为人民大有作为的时候,不然的话,我们就对不起党,对不起烈士,对不起人民对我们的期望。"

焦裕禄到红庙公社葡萄架大队土山寨村调查群众生活,对同行的干部重申了他在县委常委会上的讲话。在随后的干部会议上,焦裕禄还经常告诫大家要勇于承担重责,在人民困难时要挺身而出。那么你知道焦裕禄在葡萄架大队都发生过哪些事情吗?让我们通过下面这个故事,来了解焦裕禄是如何做到为人民服务的吧。

红庙公社葡萄架大队是兰考的重灾区,一连几年都没有好收成,社员们的生产、生活都很困难。为了把群众组织起来,充分调动广大干部群众做事、创业的积极性,焦裕禄就选了这个大队去蹲点。

1963年秋后，焦裕禄带领工作组来到葡萄架大队。在出发之前，他把毛主席的话念给大家听："什么叫工作，工作就是斗争。那些地方有困难、有问题，需要我们去解决。我们是为着解决困难去工作、去斗争的。越是困难的地方越是要去，这才是好同志。"接着他又补充说："最困难的地方，就是我们的工作岗位。"

工作组到了葡萄架大队后，一连下了几天秋雨，焦裕禄担心贫下中农的房子漏雨，便挨门挨户地查看。走进社员张延俊家里，只见这间矮草房子墙壁潮湿，屋顶不停地漏雨，焦裕禄很是担心地问道："老张，你这屋子漏得好厉害呀！以前也是这样吗？"

张延俊苦笑了一下说："不光俺家的房子漏，别家的房子也有漏雨的。"

焦裕禄听后就让工作组和张延俊分别去找大队干部和贫下中农代表，到饲养室里开会。

不大一会儿，与会同志都到齐了。焦裕禄坐在饲养员的草铺上，和大家谈论如何把漏雨的房子赶紧修补一下，然后又问大家："能不能想办法把草房换成瓦房？"

"有草房住也不孬呀！别说俺家几辈了，大队里又有谁住过瓦房？"一听到住砖房，大伙儿也来了兴致。

焦裕禄鼓励群众克服困难，自己脱坯、烧砖、盖瓦房，改善居住条件

焦裕禄又问:"别的地方的砖瓦窑难道是从天上掉下来的?"他这一问,大家答不上话来。

他接着又说:"只要咱们有艰苦奋斗、自力更生的革命精神,靠着咱们一双劳动的手,啥事不能干呢?"

大队会计孙世平说:"俺这里是重灾区,劳力是不缺,关键是没有本钱呀!建砖瓦窑可不是说着玩哩!"

"我们的社员有那么多双手,有积极性、有干劲,这就是本钱嘛!"

贫农代表刘清林接着说:"焦书记说得对,啥事都得靠自力更生。鼓个砖瓦窑也费不了多少钱,咱们28户人家,凑一凑就能搞成。"

大伙儿听刘清林这么一说,也索性放开了,你一言我一语说了起来。

"我卖了一棵大树,有80块钱,先投到队里。"

"我卖猪的60元也拿出来。"

散会后,大队干部和贫下中农代表,又分门串户发动社员们投资。没过几天,就凑够了400块钱。经过社员努力,砖瓦窑建成了,可是雨天路滑,没法到火车站拉煤,他们就找到焦裕禄想办法。焦裕禄打听到用柴草也能烧砖瓦,便把这个想法告诉了他们。

天刚放晴,焦裕禄就和社员们到地里割草拾柴,社员们见焦书记跟他们一道干活儿,个个鼓足了干劲。不到几天时间,葡萄架大队的柴草，就像小山头一样地堆起来了。

柴火问题解决了，可是没有人会烧窑。俗话说，烧砖瓦窑是火里生金。关键在于火候，掌握不准火候，就烧不出好砖。焦裕禄又带领几个贫下中农到有经验的烧窑工人那里去学习，并鼓励他们："只要肯干、肯钻、肯练，没有学不会的技术。"

在以后的日子里，焦裕禄多次去窑上鼓励他们，帮助他们解决问题。1963年年底，葡萄架大队终于烧出了第一窑砖瓦。老百姓亲切地称它为"社会主义窑"。

首座砖瓦窑试验成功后，后面的砖窑厂也一座连一座地紧跟着建了起来。只用了一年多时间，葡萄架大队

兰考县东坝头镇张庄村焦裕禄精神体验教育基地内的"社会主义窑"（仿制）

就盖起了41座新砖新瓦房。此外，他们还支援了贺李河修建公路大桥、提供邻队社员修房盖屋的砖瓦。1965年，葡萄架大队仅卖砖瓦就收入4000多元，既解决了队里购买肥料、添置农具等问题，又增加了社员们的生活零用钱。

面对兰考灾害肆虐、贫苦落后的实际情况，焦裕禄不等不靠，带领全县人民自力更生、艰苦奋斗，逐步探索出一条改变兰考面貌的路径。

葡萄架大队之前没有一间砖瓦房，焦裕禄在此蹲点，和农民一起建窑、烧砖瓦、盖房，使他们告别了破旧茅屋

小小档案馆

走自力更生道路

由于兰考当地缺少柳条，副业生产开展不起来。焦裕禄指示，各社队要合理规划劳力，栽培柳条、枣树、蒲苇等植物，发展多种经营。1965年年底，兰考全县已发展起白柳条34795亩，白蜡条28400亩，香椿柳、紫槐条、红黄荆条8677亩，蒲子1017亩，泡桐树20万棵，枣树84935棵。柳条林、蒲苇种植等的发展不仅对防风固沙改变兰考面貌起到了很大的作用，而且也促进了各种编织业的发展，增加了社队收入。如南彰公社开展编织、熬硝等19种副业生产，仅1963年11月，公社就收入19843元，平均每个劳力收入4.7元。

以身作则
坐车拒绝安置座位

把自己当成普通群众

兰考车站是兰考县的门户，已经从以前的三等小站升格为现在的二等站，成为兰考人民奔向美好生活的一个历史见证。焦裕禄同志的一言一行，给兰考车站的干部职工留下了长远而深刻的印象，他用自己独特的人格魅力感化着身边的每一个人，给人以鼓舞、教育，成为推动他们不断前进的一股巨大力量。

通过下面这个发生在火车站的小故事，我们可以了解到焦裕禄是如何做到保持共产党员本色的，又是如何做到带头发扬党的优良作风的。

作为县委书记，焦裕禄从兰考车站乘火车去其他地方出差是常有的事。作为兰考县境内的兰考车站干部职工，对县委书记给予乘车方面的某些照顾是无可厚非的。但是，偏偏焦裕禄最不愿意别人给他什么特殊的照顾。

1964年春节的前几天，兰考火车站迎来一年中接送旅客最多的时候。有一天，车站主任徐福有去县委开会，一位县委的干部对他说："焦裕禄同志今年要带全家回山东老家过春节，现在这个时间段车上人多拥挤，路上要好几个小时，他身边还带有几个孩子，到时候你最好能给安排一下。"

徐福有有点难为情地说："照顾一下没啥问题，关键是就算我安排了，焦书记也不一定答应啊！"

"是因为现在春节车上旅客多，座位紧张吗？"县委的同志疑惑道。

"倒不是因为这个，之前焦书记去地委出差开会，我就说要给他安排个相对宽松的车厢，可焦书记就是不同意。"徐福有边说边摇头。

徐福有为什么怕焦裕禄同志不答应呢？原来有一件事给他留下了深刻的印象。

1963年春天的一个星期天，从徐州开往西安的107次列车还未到站，候车室里已经挤满了旅客。此时的焦裕禄刚调任兰考县委不久，这一天他也来到车站，准备乘这次列车去开封地委开会。徐福有忙完上午的工作，准备回家吃饭时，正好遇上了焦裕禄。

徐福有走上前问："焦书记，您从哪儿过来啊？"

"刚从县委过来。"焦裕禄答道。

"那我们去办公室说吧。"说罢，徐福有要把他请到办公室里。

焦裕禄笑了："老徐，你误会了，今天我不是来检查工作的，

第三部分　公仆情怀放光芒

兰考火车站旧照

一会儿我要去地委开会，火车很快就进站了。"

徐福有心想：今天列车上这么挤，焦裕禄同志身体又不好，得想法给他找个座位。于是，徐福有没有立即回家，在列车进站停稳后，他找到列车长简单说明了一下情况。列车长听了，便说："没问题！走吧，去后面几节车厢，那里宽松一些。"边说边向列车后部走去，准备在那里给焦裕禄安置一个座位。

"走吧，焦书记，咱们去后面几节车厢，我和列车长打过招呼了，后面没这么多人，这样您能多休息一会儿。"

焦裕禄一听列车长要给自己单独安排座位，忙说："老徐，这可不中啊！你看有这么多人上车，都不一定能有座位，我要是上车单找座位，这不是高人一等吗？"

徐福有还以为是县委书记客气，就说："这几节车厢太挤了，您身体不太好，去后面您能坐下来休息一下！"

这时焦裕禄连连摆手，严肃地说道："不行！不行！你这样不是照顾我，是让我脱离群众啊！"

"可是您看现在这情况，站里全是人，别说找位置坐下了，就算上车都要好大一会儿。"说完，徐福有就要上前拉焦裕禄的胳膊。焦裕禄赶忙撤了一下身子："老徐，我知道你是为我着想，但是现在我们的生活还很困难，好多老百姓连车票都不舍得买，我能坐火车去地委开会已经很不错了。再说了，地委离兰考又不远，站一站就到了。"

徐福有见焦裕禄这么坚决，也不好再说什么，在快要发车的时候，焦裕禄见其他乘客也差不多都上了列车，他一边对徐福有说："谢谢你和列车长同志，我就不去那边啦！"一边上了列车。

列车上的旅客的确很多，不少人已经站到了车门口，加上大包小包的行李，焦裕禄根本挤不进车厢，只能斜着身子用手挡住车厢，这才勉强能站稳。列车开动那一刻，他微笑着向徐福有招手说道："回去忙吧！老徐！"就这样，焦裕禄一直在列车门口站到了开封地委。

自打这件事情以后，车站其他干部职工也碰到过同样的"钉子"。这样一来，大家都知道了想单独给焦裕禄同志一点照顾，那是很困难的。

小小档案馆

兰考火车站见证百年巨变

兰考站1915年建成通车，1915年至1954年取名兰封站，1954年兰封县与考城县合并，易名兰考站。作为一座百年老站，自建成以来，车站经历了4次大规模站场改造。1915年车站开通运营时，站房为比利时人设计建造，风格为宫殿庙宇式建筑。新中国成立后，原有站房扩建改造为传统起脊式平房建筑，包含候车室和5间货物仓库。20世纪80年代，因客货发送量持续攀升，原有站房已不能满足需求，于是在原客运站舍西边新建一座1100平方米的候车室及车站办公楼。2003年，候车室进行了改造扩建。2020年，兰考站进行了大规模的翻新扩建改造，站舍白顶红墙，外观选用砖红、水泥灰、米白等低饱和度色彩，配以传统纹饰、红色五角星、红旗元素，年代感十足，宛如一座"红色驿站"，站房改造的灵感正源自电影《焦裕禄》中"车站风雪夜"一幕。

现在的兰考火车站

半个世纪过去，兰考旧貌换新颜，如今在兰考出行更加便捷，人们也有了更多的选择，但焦裕禄留给这座小城的精神却一直在路上。

亲民爱民
人民的勤务员

坚守公仆之心

  焦裕禄之所以深受人民群众的爱戴，是因为他始终走在为人民服务的第一线，是因为他发自内心深处的公仆意识。焦裕禄没有把自己当成兰考县的父母官，而是把自己当成人民的勤务员。正是由于具有这样的公仆情怀，面对困难，他不等不靠，深入条件艰苦、矛盾集中、困难突出的地方，认真解决民生问题，努力把为群众排忧解难的各项工作落到实处。

  1963年1月，兰考接收到从开封运送的一批救灾棉衣，为了尽快将救灾物资送到灾民手中，县委决定连夜分发棉衣。人到齐后，焦裕禄作了简短的动员讲话，他说："同志们，数九寒天冻死牛呀！天气这么冷，可全县还有上万的农民兄弟没有棉衣穿呢！我们是人民的勤务员，怎么能眼睁睁看着群众受冻？我们必须连夜把棉衣送到群众手中，早一分钟送到，群众就少挨冻一分

从外地运往兰考的一批批救灾物资

钟。"焦裕禄一讲完，大伙儿便热火朝天地干起来，一直忙到凌晨1点多钟，才把一万多件棉衣分发完。最后只剩下一百多件，焦裕禄对身边的几位同志说："剩下的咱们几个包了，送到爪营公社去！"

大伙儿拉来一辆架子车，满满地装载了百件棉衣。焦裕禄躬身低头，拉起了架子车。见焦书记喘着粗气，额头冒出了汗珠，一个青年冲了上来，要替他架起车辕，焦裕禄和蔼地说："别争啦！我不是很累，你们还要省些力气，尽快地把棉衣送到群众家里，别争啦！快看看，爪营公社马上就要到啦……"

在路上，他们遇到了前来领取物资的爪营公社干部。一看见喘吁不止的焦书记，公社干部惊讶地问道："焦书记，你怎么来了？你身体不好，还硬拉这么重的车子。"到了公社，焦裕禄趔趔趄趄走进屋内，坐到一条凳子上，手放在右膝头上，用胳膊顶住了肝部，一张瘦脸早已发白，汗水淋漓。大家明白：他的肝病又犯了。有人抱来柴火，想让他暖暖身子，他立刻摇起了手："大雪天，群众烧柴困难，不要随便烧掉它！现在不是我取暖的时候，要赶快将棉衣送到群众手中。"

说完，他扛起一捆棉衣便往外走，公社书记一把拦住他说："你在这歇会儿，我们去送就行了。"

焦裕禄有点着急地说："群众在受冻，我没有理由在这里暖和！"

到了上午10点钟，焦裕禄从一个老人家中走出来，满眼泪水地回到了公社，脚还没站稳就哑着嗓子讲道："同志们！我们对群众的关心太不够了，你们想一想，这样大雪封门的夜里，一个老人裹着一件破棉袄蜷缩在床上，他没有伸手向党要救济，这样的群众上哪里去找？再看看我们，究竟替他们做了些什么事情？不觉得惭愧吗？"

焦裕禄到兰考上任伊始，就曾冒着大雪带领县委班子前往挤满外出逃荒人群的火车站，他深知在天寒地冻的雪天候车的滋味不好受。当他看到只裹着一件破棉袄在雪夜里蜷缩了一宿却没有向党和政府要物资的老人时，更加坚定了为群众做实事服务到底的决心。

1963年7月底，县委得到消息：红庙公社闫楼大队的豆子地里生了"行军虫"。焦裕禄带领除"三害"办公室的几位同志来到闫楼大队，他和社员们研究确定了治虫办法后，就和除"三害"办公室主任卓兴隆先行返回县城。

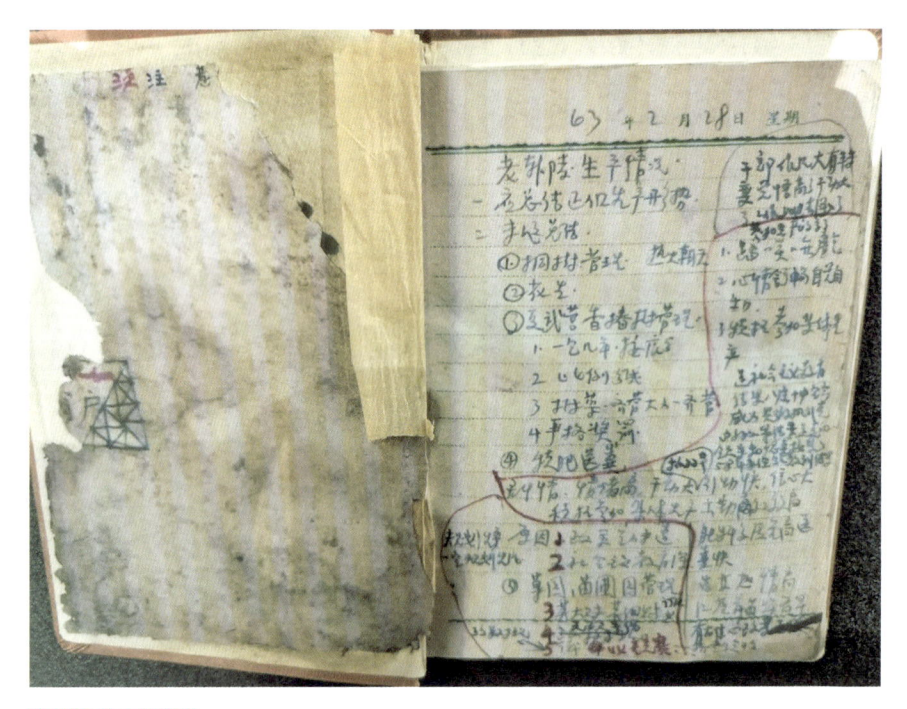

焦裕禄的工作笔记

回去的路上,突然下起了倾盆大雨。由于道路泥泞,两人一会儿推着车子走,一会儿扛着车子走。在途中看到前面有一辆马车停在路上,坐在车上的人打着伞,三头骡子被大雨浇得低垂着脑袋,甩着尾巴。

焦裕禄走上去问道:"小伙子,你们这是干什么去啊?"

车上一个拿着鞭子的壮年人从伞下探出头来,答道:"俺走亲戚去,俺姐姐才生了小孩儿,俺们去看看她。"

焦裕禄又问他:"你是队里的干部吧?"

"嗯,俺是会计。"

"社员们走亲戚，队里能不能给他们套马车去呢？"焦裕禄有些生气地追问道。

"这……这怕是不行吧。"那个会计说到这里，显然是恼羞成怒，翻了脸，跳下车来，气冲冲地反问道："咦，你们是谁？管得着俺吗？"

卓兴隆抢上去大声说："这是县委书记！"

一听前面这个人就是县委书记焦裕禄，那个会计缩头缩脑地不作声了。

焦裕禄又郑重地对他说："不管是谁，只要人家提的意见正确，对人民有好处，我们都应该虚心接受。我们当干部的都是人民的勤务员，只有全心全意为人民服务的义务，没有丝毫特权。你想想，你赶着马车串亲戚，不耽误队里用牲口吗？不影响生产吗？遇上这大雨天，你们知道打着伞避雨，可是牲口在雨里淋着，淋病了咋办？它们要是会说话，就会向你抗议的。你们走亲戚，用辆架子车不行吗？我说的话，你回去和你们的队长议论议论，看看对不对。"

那个会计被焦裕禄的一番话说得张口结舌，无言以对，只是不停地点头。

焦裕禄又问清了他是哪个生产队的，便推着车子顶着瓢泼大雨向前走去。在路上，他对卓兴隆这样说道："一切工作中最重要的是政治思想工作，我们什么时候也不能忘记这一条。你看这个会计，思想上生了锈，光想到赶着马车走亲戚有派头，就不想这样做对队里会产生什么影响，社员们怎么看他。回去之后，你给他们大队党支部挂个电话，把今天的事情告诉他们，让他们把队里干部召集在一起，好好学习《为人民服务》，用这篇文章的精神检查一下思想。"

在兰考工作的475天里，焦裕禄始终秉承着"我们不是人民的上司，我们都是人民的勤务员，必须和群众同甘苦共患难"的原则，时刻不忘群众，坚持为人民服务。

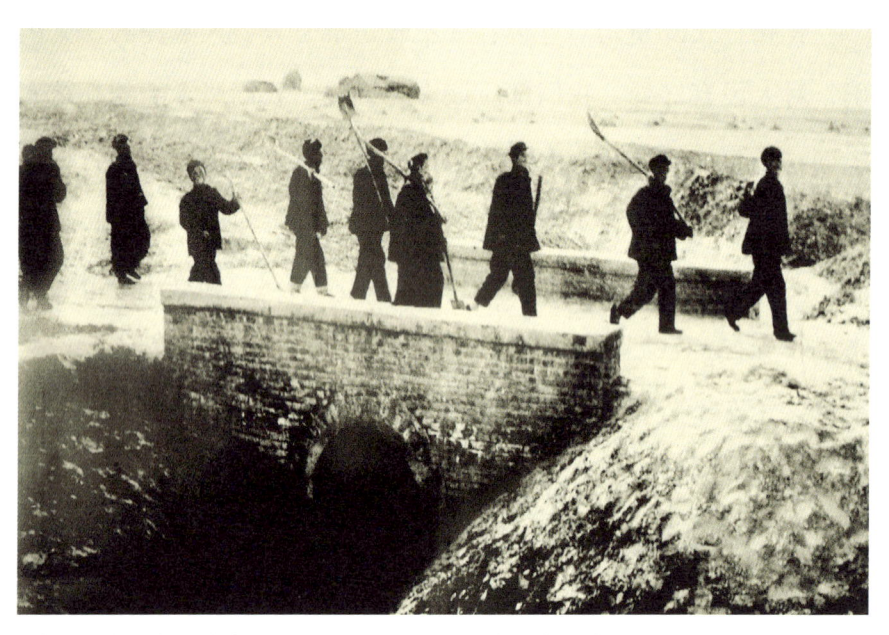

焦裕禄下乡途中看到群众冬天蹚水过河，十分心疼，就和群众一起修了一座桥，群众称这座桥为"连心桥"

小小档案馆

焦裕禄总结的"十多十少"和"五个跟不上"

焦裕禄善于观察，善于总结。经过走访调查，他发现兰考干部工作方面存在不足，总结出了"十多十少"和"五个跟不上"。

具体是：一般号召多，调查研究少；一般情况多，具体经验少；领导干部原则讲得多，具体办法少；干部讲得多，认真听取群众意见少；一揽子会议多，系统会议少；工作布置多，认真检查少；管理办法多，认真坚持下来的少；对当前生产着重说得多，认真制定规划、用规划指导生产的少；各行各业支援农村喊得多，具体行动少；死搬硬套的多，真正实事求是、因地制宜确定方针少。

"五个跟不上"：领导跟不上；思想跟不上；管理跟不上；政策跟不上；各部门支援农业跟不上。

迎难而上
除"三害"斗争

战天斗地

焦裕禄为了战胜"三害",改变兰考面貌,让兰考人民过上好日子,他带领兰考人民不惧困难,开拓进取,开展了轰轰烈烈的除"三害"斗争,在短时间内取得了很大成效。

按照治理"三害"的工作规划,在焦裕禄的带领下,人民群众满怀雄心壮志,挖沟渠,通河道;广植树,治流沙;翻淤泥,覆盐碱,与"三害"展开了英勇的斗争。

一、治理风沙

在一次下乡调研中,焦裕禄发现一个坟头很奇怪,因为兰考风沙大,大多数坟头都留不住,但这个坟头不但保住了,上面还长出了一些青草。经过询问得知是一个叫魏铎彬的村民用胶泥封住他母亲的坟头,再种上草,这样坟头就能保住了。焦裕禄很受启发,就和赵垛楼大队的500多名群众,在一个18亩的沙丘上做

张庄大队在翻淤压沙，封闭沙丘

了实地勘察试验，在沙丘上盖了4寸半的胶泥。当天下午就刮了一场六七级的偏北风，一连持续了9个小时，用胶泥压住的那个沙丘却纹丝未动。焦裕禄形象地称这种办法为"贴膏药"，群众看到这立竿见影的效果，都说这是治理沙丘的好办法。于是，全县很快形成了一个群众性的淤泥封沙运动。

　　在调查"三害"的过程中，焦裕禄多次向群众请教，他发现泡桐在治理风沙中起到至关重要的作用。于是，他便与群众一起在风口较大的沙区种植一道道防护林，在覆盖胶泥的沙丘上种植洋槐、泡桐等树木。焦裕禄说："沙丘危害百年，现在我们给他贴上'膏药'、扎上针。"后来，焦裕禄总结三条治沙经验：造

兰考人民用"贴膏药"的方法封沙丘

林固沙,百年大计;育草除沙,当年见效;翻淤压沙,立竿见影。三管齐下,效果良好。

二、治理盐碱

通过实地调查走访,焦裕禄将全县盐碱分为牛皮碱、马尿碱、瓦碱、卤碱、白不齿、其他碱等六大类。在测量完盐碱地面积查清盐碱地形成原因后,焦裕禄召开座谈会,并进行实地勘察和试验,提出"分清轻重、区别对待"的治理方针,最后总结出四种治理盐碱的方法:一、排涝治碱,利用暴雨冲洗,然后将盐碱水排到河沟里,但不能流到别人的地里;二、刮碱、起碱,冲沟躲碱巧种;三、深耕细作,多施有机肥料;四、种植耐碱作物,如大麦、青谷、

兰考百姓利用黄河水灌溉沙荒、盐碱地

大麻籽、田青、棉花等。

焦裕禄在调查中还根据雨水情况总结了一些治碱的经验，如在治碱中必须掌握雨期盐碱下渗情况，适宜趁墒抢种；旱天盐碱上升，适宜深翻压碱和起土刮碱；多施有机肥料，种植耐碱作物。在管理上，注意适时过锄，雨后必锄，特别是水位高、土地阴潮的地方，为防止返碱蚀苗，更要加强中耕，以保墒抑碱。在治理麦地里盐碱时，要采取顺垄爬埂、自上而下的扫碱办法，严防碱土滚入垄内，边扫碱边施肥。至此，治理盐碱的一整套科学方法终于形成。

三、治理内涝

兰考西高东低,洪水自然向东流,山东在豫鲁边界处筑起一条百里长堤,阻挡了洪水去处,造成兰考东部大面积受灾,焦裕禄多方协调,最终打通了大堤。此外,全县开始新挖和疏浚排水河道,拆除阻水工程,恢复了自然流系。

经过近一年的艰苦奋斗,兰考治理"三害"取得显著成效,沙丘面貌大为改观,粮食产量大幅度增长,焦裕禄在兰考的工作也得到了开封地委的高度评价。

兰考百姓打井开渠、灌溉农田的场面

小小档案馆

《关于治沙、治碱、治水三五年的初步设想》

1963年7月,焦裕禄组织编写了治理"三害"的初步设想,提出具体治理"三害"的方法:

一、治沙:治沙的主要办法是造林,造农田防护林、乔灌结合林、四面围攻盖顶林、经济林、农桐间作林。争取在三五年内恢复到1958年以前的林区面积,5年后起防风固沙作用。先堵风口,后治一般,有点有面,点面结合。缺片补片,缺行补行,缺株补株。

二、治碱:治碱是一项复杂细致的工作,因为碱的程度、性质、深浅等不同,必须认真总结运用当地群众行之有效的治碱经验,试验性地接受外地的科学技术经验指导。疏通渠道,减少积水,开沟澄水,降低地下水位。多施有机肥料,深耕、伏耕、晒墒都是治理次生碱的好办法,在顺序上,应该是先治次生碱,后治老碱窝。

三、治水:治水主要是治理内涝。最适宜以小型为主、群众自办为主、整理配套为主的"三主"治水方针。坚持舍少救多、舍坏救好、充分协商、互为有利、不使水灾搬家的原则。

实干苦干
骑自行车丈量兰考

自行车代表亲民作风

> 焦裕禄极少坐在办公室里喝茶、看文件,绝大多数时间,他都在农村一线进行调研,而他下乡的交通工具,则是一辆破旧的"二八"自行车。靠着这辆自行车,焦裕禄不仅与群众建立了深厚的感情,更是摸清了"三害"底细,制订了治理"三害"的详细规划,为彻底根治"三害"打下了坚实的科学基础和群众基础。

兰考县委组织领导并亲自带头开展了大规模的调查研究工作,查风口、探流沙、辨盐碱、看洪水走势,短短几个月,焦裕禄就初步掌握了兰考水、沙、碱的发展规律。在兰考的一年多的时间里,焦裕禄靠一辆自行车和一双铁脚板,跑遍了大半个兰考。

那是一辆英国产的老牌"菲利普"自行车,到1963年已经使用了十多年,正如相声大师侯宝林那段老少皆知的《夜行记》中

焦裕禄曾工作时骑过的自行车

所描述的那样——"除了铃儿不响,剩下哪儿都响"。焦裕禄就靠着这辆破旧的自行车,丈量着兰考的土地。距离县城最远的地方有 50 多公里,那时没有平坦的马路,都是土路,坑坑洼洼,高低不平。有时候遇到阴雨天,自行车不但骑不了,连推都推不动,焦裕禄只好把自行车扛到肩上。焦裕禄有时是自带干粮,走在路上,饿了就吃点自己带的干粮,即使在农民家里吃饭,也是农民吃啥他就吃啥,而且还付饭钱。

当时兰考县委仅有的一辆战争年代拉过大炮的破旧美式吉普车,伤痕累累,斑迹重重,遇到路况不好的时候司机还要下来推车。因为焦裕禄是县委书记,大家认为应该让他坐这个车,但是焦裕禄却说自己还年轻,这辆车应该让年龄大的老同志用。

1963年6月的一天，焦裕禄要去张君墓公社，考虑到县城距张君墓几十里地，通讯员李忠修告诉焦裕禄吉普车已经在外面等着了，焦裕禄回答说："就那一部车，咱们饶了它吧！让它省些力气，好为体弱多病的老同志服务。再说因为隔块玻璃，群众给你说话，光见张嘴听不见声音，双方干着急。还因它只顾跑得快，步行的群众跟不上，跟咱们拉大了距离，脱离了关系。车一跑还扬尘土，路旁的东西看不清了，连走马观花也难，咱还是骑辆自行车吧！"

于是焦裕禄和通讯员骑着自行车出发了，二人行至葡萄架大队西面的坡地时，李忠修的车子"嘣"的一声断了链子，焦裕禄不急不忙地说："到了葡萄架大队就能找到工具，我有手艺能修好！"说着从自行车的后座上解开了一条绳子，并把绳子的一端拴在李忠修的车把上。焦裕禄要骑在前面拖着李忠修的自行车，李忠修见状有些不好意思地说："还是我骑'菲利普'拖着你吧！"焦裕禄边骑车边向后扭头，告诉李忠修："我的车子不听你使唤，还是我来吧！"

焦裕禄去世后，这辆自行车一直停放在他办公室的门后。1966年举办焦裕禄事迹展览时，这辆车作为展品展出，默默地向世人展示着永不过时的焦裕禄精神。

小小档案馆

改"劝阻办公室"为"除'三害'办公室"

1962年,经历了严重困难尚未恢复的兰考,又遇到了罕见的旱灾和涝灾,全县农业生产受到极大破坏,大量人口外出逃荒。为了留住外出逃荒要饭的群众,县、公社、大队层层设立"劝阻办公室",阻止群众外出。焦裕禄来到兰考之后,经过实地走访调查,亲自起草了《关于切实制止人员外流的意见》,提出了具体措施。他认为光靠劝阻解决不了灾民外流问题,应该疏导灾民,有计划地组织大家去搞生产,从根本上解决问题。1963年7月,经焦裕禄提议,兰考县委将"劝阻办公室"改为"除'三害'办公室"。后又经县委研究决定,成立除"三害"领导小组,这也为兰考县委干部今后的工作指明了方向。

一心为民
珍贵的四张照片

偷拍照片

焦裕禄在兰考工作期间，共留下4张照片，其中3张是通讯干事刘俊生偷拍的。2009年4月，习近平来到焦裕禄亲手栽的泡桐树下，听刘俊生讲起当年为焦裕禄书记拍照的事情，习近平感慨地说，焦裕禄同志的心里只装着群众，只想着群众，唯独没有他自己。总书记为什么会发出这样的感慨呢？偷拍照片又是怎么一回事呢？让我们一起来阅读下面的故事吧。

焦裕禄每次下乡都让通讯干事刘俊生带上照相机。可每当刘俊生把镜头对准他的时候，他总是拒绝拍照。

在一次去城关公社余寨大队检查生产前，焦裕禄告诉刘俊生："带上照相机，咱们下去转转！"到了大队，他和群众亲切交谈，共同劳动。刘俊生打开了照相机，正想给焦裕禄拍照的时候被他发现了，他随即把脸扭了过去。刘俊生也立即转移了位置，另选了一个角度，第二次将镜头对准了焦裕禄，他却立即站起来，又一次躲了过去。

有一次去许贡庄，焦裕禄也讲了同样的话："带上照相机，咱们下去转转。"刘俊生说要给他照张相，他立即摆摆手，严肃地说："不要给我照，要照就去给群众照！"

1963年9月，刘俊生接到通知：焦书记明天要去老韩陵村，叫你带着照相机去找他。刘俊生心想：焦书记一直让带上照相机却不让拍他自己，这次无论如何也要给他拍几张。

刘俊生赶到了老韩陵村，此刻的焦裕禄正在红薯地里劳动，

刘俊生偷拍的焦裕禄在田里锄草的照片

见他双手紧握锄把,双眼看向锄头,刘俊生举起相机,在侧面对准了他,迅速地按动了快门,拍下了他锄草的镜头。

接着,焦裕禄放下了锄头,蹲在花生地里开始拔草,刘俊生又对准了他的正面,在按快门的同时故意咳嗽一声,佯装刚刚从皮套中取出相机。就这样,有了焦裕禄在兰考的第二张照片。

刘俊生偷拍的焦裕禄在花生地拔草的照片

胡集大队是焦裕禄做泡桐试验的地方。春天,他来到这里和群众一起栽下了上千棵泡桐树。秋天,他要检查栽下的泡桐成活率到底怎么样。在朱庄村村南的泡桐林,焦裕禄边走边说:"俊生呀，你看咱们春天栽的泡桐苗都成活了，旺滋滋地生长，三到四年就能起到防风固沙的作用啦！十年后，这里就会变成一片林海。"看到焦裕禄高兴地走到一棵泡桐树旁时，刘俊生又给他偷拍了一张他和泡桐树的照片。

栽种泡桐，以林促农，以农养林。图为刘俊生偷拍的焦裕禄与手植泡桐树的照片

就在这一天的中午，城关公社党委书记对焦裕禄说："焦书记呀！我很想同您拍一张照片，留个纪念。"

焦裕禄说："咱拍照片有啥用？"

刘俊生给焦裕禄拍照的相机

刘俊生疑惑地问道："焦书记，每次下乡，您都让我带上照相机，可为什么您老是不让我给您拍照片呢？"

焦裕禄笑着说："广大社员群众改变兰考面貌的决心和那忘我劳动的精神，是多么的感人啊！给他们拍照多有意义，对他们的鼓舞又有多大啊！"他顿了一下说，"叫你拿照相机跟着我，就是要拍下这些劳动的热烈场面，起到鼓舞人心的作用，不比拍我好吗？"

刘俊生说道："焦书记，如果我能把县委书记和社员群众一起劳动的场面拍摄下来，这对他们的鼓舞不是更大吗？"

焦裕禄哈哈大笑起来："你不就想给我拍照嘛！今天就叫你拍一张！这样吧，我喜欢泡桐，就照一张和泡桐的合影吧！"

第三部分　公仆情怀放光芒

焦裕禄虽然在兰考仅留下了4张照片，但他的音容笑貌却永远留在兰考和全国人民的心中。焦裕禄精神也像他当年栽下的这棵泡桐树一样，根深叶茂，生机勃勃。图为焦裕禄在新植的泡桐树旁留影

小小档案馆

带头搬出县委机关

　　1963年5月，县委大院里住有家属，孩子们常常在院里闹着玩，影响县委机关人员工作。焦裕禄提议，家属全部搬出机关。焦裕禄的爱人徐俊雅开始不太乐意搬，想等一段时间再说。焦裕禄知道爱人的心思后，严肃地说："你光图自己生活方便，却忘了对工作不方便，要是谁都看着别人，就一个也搬不走，我们应该第一个搬。"第二天焦裕禄全家就搬出了县委大院。在焦裕禄的带动下，别的同志也很快搬了出去。

第四部分

生命绝唱震华夏

——在天地间永生

"感谢党把我派到最困难的地方，越是困难的地方越能锻炼人。请组织上放心，不改变兰考面貌，我决不离开那里！"焦裕禄对党是这样承诺的，也是这样做的。

为改变兰考贫穷落后的面貌，焦裕禄把个人生死置之度外，一心想着人民群众。困难重重，他义无反顾地带头闯路；重病染身，他仍心系工作。在兰考的475个日日夜夜里，焦裕禄为党和人民的事业熬尽了他所有的心血。

一把藤椅默默见证了一个个不眠之夜；一棵泡桐无言诉说着一个个查风口斗风沙的故事；一辆自行车丈量了兰考大大小小的沙丘和盐碱地。焦裕禄的一生虽然短暂，却焕发出耀眼的光芒。

作为新时代的青年，我们面临着人生和事业的关键抉择。我们的时代呼唤着为人民谋幸福、为民族谋复兴、为世界谋大同的有着伟大抱负的青年。青年人拥有无限的潜能和热忱，把自己的人生和国家命运紧密结合在一起，在国家富强、民族复兴的新时代，我们青年应勇立时代潮头、争做时代先锋。

感天动地
一把带窟窿的藤椅

被顶出窟窿的藤椅

在焦裕禄同志纪念馆，有一把破了一个大窟窿的藤椅。就是这把藤椅被评为国家二级文物，现为焦裕禄同志纪念馆里的"镇馆之宝"。这把看似普通的藤椅与焦裕禄有什么联系呢？这还要从焦裕禄的肝病说起。

1964年年初，焦裕禄的肝病已经很严重了，但他仍然坚持在除"三害"一线。焦裕禄下乡经常骑自行车，有时肝病发作时，他就趴在车座上蹬车子，如果肝疼得实在骑不动时，他就用车座顶着肝部，推着往前走。

1964年3月的一天，焦裕禄骑着自行车到三义寨公社检查工作，走到半路，肝病发作，一阵剧烈的疼痛让他难以前行，他只好下车蹲在地上以缓解疼痛。过了一会儿，焦裕禄强忍着肝痛，一手按着肝部，一手推着自行车艰难地走到三义寨公社。公社书记见他脸色煞白，就劝他先休息一下，焦裕禄说："谈你们的情况吧，我不是来休息的。"他一边用手按着肝部，一边记笔记，他疼得浑身颤抖，钢笔几次从手中滑落。汇报的干部实在忍不下去了，流着泪说："焦书记，您就休息一下吧！"焦裕禄说："你继续说，我没事儿。"焦裕禄坚持听完汇报，又实地查看之后才回到县城，此时的他浑身已被汗水浸透。

由于终日忘我地工作，焦裕禄的肝病也越来越严重。为了能坚持工作，他发明了"压迫止疼法"和多种多样的与病魔作斗争的"武器"。人们经常看到，焦裕禄棉衣上的第二、第三个扣子总是不扣的，不是他不注重形象，而是为了随时能把左手伸入怀中，按住时时作痛的肝部。在开会、作报告、听汇报时，他总是把右脚踩在椅子上，高抬右膝顶住肝部。肝病发作的时候，他就采取自己的"压迫止疼法"，钢笔管、茶杯盖、鸡毛掸子都是他用来顶肝的工具。时间长了，他坐的藤椅的右侧被顶出了一个大窟窿。

有时候焦裕禄忘记了身上还顶着个东西，从椅子上站起来那一刻，顶肝的东西就会掉在地上，

焦裕禄在肝部疼痛时用来顶着肝部的鸡毛掸子

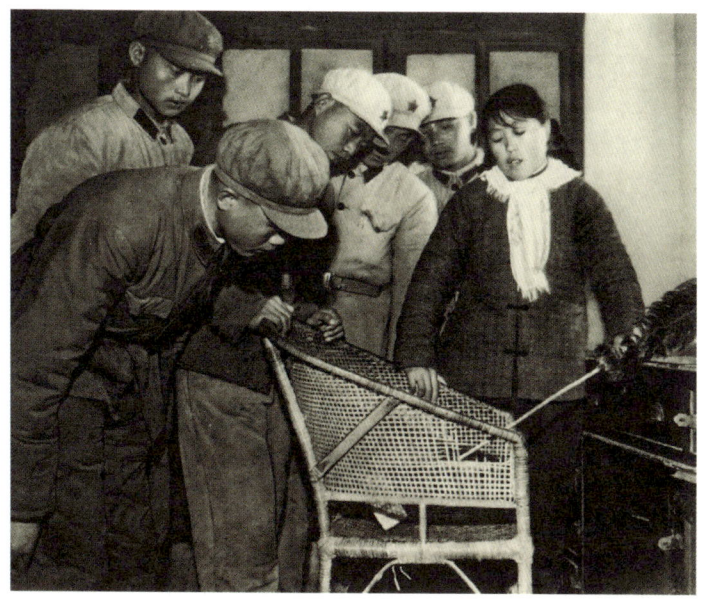

焦裕禄晚上办公时，总是找一个硬东西如钢笔管、茶杯盖、鸡毛掸子等顶住肝部，减缓疼痛，时间长了，他坐的藤椅右边被顶出了一个大窟窿

疼痛的突然释放让他从椅子上一屁股跌坐到地上，疼得只能蜷缩在一起，要在地上挣扎好一阵才能起来。即使如此，他还要摁住肝部弯着腰去做其他的事。为了治好兰考的"三害"，焦裕禄忍受了常人难以忍受的痛苦，度过了一个又一个不眠之夜。

1964年3月22日，在开封地委的强烈要求下，焦裕禄不得不同意住院治疗。县委本来决定于当日12点钟，派人护送焦裕禄去开封治病。但是焦裕禄仍心系着兰考，临时改变了当天的日程。他详细地部署了县委的各项工作，找人谈心，了解相关工作进展情况。就这样，一直忙到天黑。在兰考的最后一晚，忍着疼痛的焦裕禄坐在桌前，准备写一篇反映兰考人民治理"三害"干

焦裕禄在兰考工作时坐过的藤椅

劲的文章，他写下一个标题"兰考人民多奇志，敢教日月换新天"，又拟好了四个小标题，可剧烈的疼痛又迫使他放下了手中的笔。那晚他一夜未睡，蜷缩着身子，用双膝顶着肝在床上坐了一夜，爱人徐俊雅流着泪守了他一夜。看他疼得实在难以忍受，徐俊雅就想找医生给他打一剂止痛针，但焦裕禄却说："这么晚了，就不要麻烦人家了。"就这样他苦苦坚持了一夜。

第二天，兰考的干部群众纷纷来到兰考火车站为焦裕禄送行。火车开动前，焦裕禄还向送行的同志反复交代工作。他本打算去开封检查一下，开些药就可以回来继续工作。谁曾想，这一走竟是永别……

小小档案馆

舍不得吃药

1964年3月的一天,焦裕禄在开封地委开会时,肝病又犯了。脸色蜡黄,额头上挂满了豆大的汗珠,他再一次用右手紧紧顶着肝部。地委领导命令他立即住院治疗,他说:"年初要安排一年的工作,现在不能住院。"一位有名的中医给他开了药方,他嫌药太贵没有买。县委的同志背着他取了三剂,竟挨了他的批评:"灾区群众生活很困难,花这么多钱买药,我能吃得下吗?"他执意不再买第四剂中药。

鞠躬尽瘁
病重住院心系兰考

心中装的都是群众

焦裕禄住院后,全县人民都挂念他的病情,只要有机会,兰考的干部群众都到医院看望他。每次焦裕禄都不谈自己的病情,总是询问县里的工作和生产情况。焦裕禄说:"兰考就是我的家,走得再远,不能不关心家里的事。"他问前来看望他的群众:沙丘有没有封住?庄稼淹了没有?碱地上的麦子长得怎样?泡桐树又栽了多少?焦裕禄在自己病重吃不下东西的时候,还关心兰考受灾群众的吃饭问题,真正是"心中装着全体人民,唯独忘了他自己"。

1964年的春节刚刚过去不久,焦裕禄把县委通讯干事刘俊生叫到办公室,指着一份《人民日报》说:"你看,《人民日报》正在讨论县委领导班子思想革命化的问题,我看咱们县委决心领导群众除掉'三害',就是思想革命化的一个具体表现,你到河南日报社汇报汇报,看能不能突出报道一下,鼓鼓群众的劲儿。"

第四部分 生命绝唱震华夏

　　刘俊生来到河南日报社，向总编辑刘问世详细地介绍了兰考除"三害"的情况和焦裕禄的建议。十多天后，刘问世告知他可以为兰考发一个专版，要求20天内把稿件送到报社。

　　焦裕禄知道消息后动情地说："好啊！这是省委对我们的关怀，这是报社对我们的鼓励，我们要组织写作力量尽快地把材料整理好！"

　　焦裕禄主持召开了一个骨干通讯员会议，他对参会人员进行了一番鼓励后便把任务布置了下去，最后焦裕禄补充说："县委的文章由我来写，我想写的题目是：'兰考人民多奇志，除掉"三害"保丰收'。"他稍微思索一下，随即又说："把题目改成'兰考人民多奇志，敢教日月换新天'吧！"

焦裕禄手迹影印件：拼上老命大干一场，决心改变兰考面貌一天，刘俊生来到焦裕禄的办公室，只见他正伏在桌子上，左手拿着一个茶杯盖顶着疼痛的肝部。焦裕禄见刘俊生来了，缓慢地说："俊生呀！看样子，这篇文章我完不成了。我的病越来越严重，肝部这一块硬得很，疼得支撑不住……"说完，因为肝部阵痛，焦裕禄的身体开始颤抖起来。"你先把写好的稿子给河南日报送去……我的文章让张钦礼书记写吧！"

1964年5月初，刘俊生到河南日报社去送稿子，一位编辑告诉他：赵文选打来电话，要求刘俊生去一趟河南医学院第一附属医院（现郑州大学第一附属医院）。

随后，刘俊生来到河南医学院第一附属医院找到了随同焦裕禄治病的赵文选，他告诉刘俊生："焦书记让我往河南日报社打电话，找你好几次，他想问你一些情况。"随后他又补充道："现在焦书记的病情比较严重，需要安静休养，医生不让过多的人去看望交谈，你去了和他谈一会儿，赶快出来。"

由于焦裕禄的病房楼有专人把守，凭出入证上下楼，刘俊生就拿着赵文选的出入证上了楼。刘俊生来到焦裕禄的病房，看到他半躺半坐地歪在病床上，就轻轻地喊了一声："焦书记。"

焦裕禄抬起放在胸前的手，指指凳子示意他坐下。刘俊生关切地问道："焦书记，吃东西了没有？"

"吃不下去呀！"焦裕禄口气缓慢地说，"我想问问……咱县除'三害'斗争那组稿子……报社还发不发？"

"这次我到报社送稿，专门问了这件事，总编室的同志说兰考的专版，暂时不发了。"

"什么原因呢？"焦裕禄疑惑地问道。

刘俊生告诉他："省里准备通报兰考挪用群众救灾款的问题，不能省里批评，报社表扬，以后发不发由省委来定。"

焦裕禄听后，停了一阵，用低沉的声调，一句一停地说："这说明……我们的工作做得还不好……发不发，这是省委的事，报社的事……发了，对我们是个鼓舞；不发，对我们是个鞭策……"

后来据县长程世平回忆："当年焦书记动用救灾款买代食品、副食品和议价粮，完全是从干部群众的实际困难出发，是一种应急措施。没想到被人打了黑枪。他解决了干部群众的困难，自己却受到了牵连，于他的确很不公平。"

沉默了一阵后，焦裕禄又把话题转到另一方面。他吃力地问道："前几天，一连刮了几场大风……又下了一场大雨……沙区的麦子打毁了没有？洼地的秋苗淹了没有？"

刘俊生说："咱县封的沙丘挖的河道，真正起作用了，连沙丘旁的麦子都没有打死，长得很好。洼地的秋苗也没有淹……"

焦裕禄又问："老韩陵村的泡桐树栽了多少？"

"林场里育的桐苗全都栽上了，都发出了嫩绿的新芽，看样子都成活了。"

焦裕禄接着问："秦寨盐碱地上的麦子咋样？"

刘俊生回答："我刚从那里采访回来，群众看到深翻压碱后种的小麦，都高兴透了，开玩笑说，今年的小麦长得平坦坦的，像案板一样，这边一推，那边动弹，钻进一只老鼠都跑不出来……"

由于问话太多，太过疲劳，焦裕禄昏迷了过去。等醒来时，他一把抓住刘俊生的手说："刚才，我做了一个梦，梦见兰考的小麦丰收了。你这次回去，一定请人捎一把秦寨盐碱地上的麦穗来，让我看一看。"刘俊生眼含热泪连忙点头说好。

这时，焦裕禄的爱人徐俊雅端着一碗面汤走来，后面跟着一位拿着针管的护士，刘俊生赶忙起身告辞，这也是他与焦裕禄见的最后一面。

小小档案馆

《兰考人民多奇志，敢教日月换新天》

由于肝病越来越严重，焦裕禄没有写完这篇发给报社的文章，只罗列了四个小标题。

一、设想不等于现实。

二、一个落后地区的改变，首先是领导思想的改变。领导思想不改变，外地的经验学不进，本地的经验总结不出来，先进的事物看不见。

三、榜样的力量是无穷的。

四、精神原子弹——精神变物质。

钢铁意志
残酷的"疼痛转移法"

用烟头烙烫自己

焦裕禄生命中的最后二十几天是在河南医学院第一附属医院度过的。当时焦裕禄的病情由营养不良型肝炎发展到肝癌后期,开始皮下扩散。焦裕禄每天都要忍受着钻心的疼痛,可即使如此,他心中想的最多的依然是人民群众,他甚至偷偷用烟嘴烙烫自己的皮肤,想以此来转移疼痛,所以他的皮肤常常被烧得红一块紫一块的。

在组织的安排下,焦裕禄住进河南医学院第一附属医院,医生诊断他为"肝癌早期"。组织上立刻安排人把焦裕禄送到北京,那里的医生诊断结果是:肝癌后期,皮下扩散。医生建议安排焦裕禄回郑州,进行人道主义治疗。

回到郑州后,焦裕禄的肝癌以惊人的速度扩散,阵发性疼痛逐渐变成持续性疼痛,整日整夜不能合眼。此时的焦裕禄颧骨高

焦裕禄1964年4月在中国医学科学院日坛医院的诊断证明

第四部分　生命绝唱震华夏

焦裕禄在河南医学院第一附属医院治疗时的病历

耸，眼窝深陷，面色蜡黄，身体急剧消瘦。他常常因疼痛豆大的汗珠不断从额头滚下，他只能跪在床上，用膝盖顶着肝部勉强睡一会儿。

有一次，在极其短暂的睡梦里，焦裕禄没有了控制的意识，"哎哟"了几声。被惊醒的徐俊雅看到眼前的丈夫已经满头大汗，在床上抖缩地蜷成一团，从床这头滚到另一头。徐俊雅哭着要去叫医生，焦裕禄却突然强忍住剧痛，摆手制止了她说："别，别叫……深更半夜，医生都休息了，别……惊动人家。"

徐俊雅趴在床沿上哭了起来，断断续续地请求丈夫："老焦……还是叫医生……打一针止下疼吧……我再也看不下去了……"

焦裕禄抬起了无力的手，轻柔地抚摩着徐俊雅的肩膀，眼中闪射出柔和、温暖的光芒："俊雅，不要哭嘛……影响其他病友多不好。病是个欺软怕硬的东西，你压住他，他就不欺侮你了……你看我不是……好多了……"

他努力想挤出一丝笑容，脸上的肌肉却痉挛起来。徐俊雅哭得更伤心了："老焦，你疼得这样厉害，又不叫打止痛针，俺心里是个啥滋味？"

焦裕禄抚着她的手说："打止痛针是能止疼……可能止多大会儿？药很贵……我能顶得住，省下些药来……留给比我更需要的更有希望的同志……"

又一阵剧痛袭来，焦裕禄脸上肌肉又痉挛起来，他双手狠狠地抓扯着被褥。

"俊雅，给我点支烟。"徐俊雅以为他要吸烟缓解疼痛，点燃递给了他。刚一转身，忽听"滋"一声响，一股皮肉焦糊味弥漫开来——丈夫将烟头按在自己胳膊上！目睹这一残酷的"疼痛转移法"，徐俊雅"哇"一声哭出来。护士闻声进屋看到眼前的场景，含泪说道："焦书记，千万别这样，我马上给您打止痛针！"

"等等吧，疼得厉害时再说。"

焦裕禄被送进医院隔音室。在隔音室里，医生对他说："焦书记，这里是隔音室。你如果疼得忍不住，就大声地喊叫几声，也不会影响别人的。"

在刚入院时，焦裕禄不同意医生安排他住单人病房，坚持住普通大病房。由于剧烈的肝痛，焦裕禄很长时间没吃一顿像样的饭了，医护人员问他："焦书记，您报饭时报点好的，增加些营养。"焦裕禄却总是说："不必麻烦啦！只要肝不疼，什么饭都能吃。"在整个住院过程中，他没吃过一顿小灶饭和特殊饭。由于病情恶化，在入院不久后，除了肝部剧痛，他的右腿也疼痛难忍，不能伸展。

刚入院的焦裕禄是以一位普通患者的身份办理的住院手续，从没有要求过医院给予他任何特殊的照顾。在生命的最后时刻，他关心的不是自己的病情，而是兰考的灾情。在大雨天，他甚至劝妻子回兰考看看庄稼有没有被淹……他宁愿忍受肝部剧烈的疼痛，也要坚持把止痛针留给更需要它的人。

焦裕禄的一生，是不断燃烧自己照亮他人的一生，焦裕禄在其短暂的一生中真正做到了全心全意为人民服务。

小小档案馆

焦裕禄日记

我想，作为一个革命战士，就要像松柏一样，无论在烈日炎炎的夏天，还是在冰天雪地的严冬，永不凋谢，永不变色；还要像杨柳一样，栽在哪里活在哪里，根深叶茂，茁壮旺盛；要像泡桐那样，抓紧时间，迅速成长，尽快地为人民贡献出自己的力量。

唯一遗愿
请组织上把我运回兰考

《念奴娇·追思焦裕禄》

中夜,读《人民呼唤焦裕禄》一文,是时霁月如银,文思萦系……

魂飞万里,盼归来,此水此山此地。百姓谁不爱好官?把泪焦桐成雨。生也沙丘,死也沙丘,父老生死系。暮雪朝霜,毋改英雄意气!

依然月明如昔,思君夜夜,肝胆长如洗。路漫漫其修远矣,两袖清风来去。为官一任,造福一方,遂了平生意。绿我涓滴,会它千顷澄碧。

(习近平)

1964年5月10日,河南医学院第一附属医院向焦裕禄亲属和兰考县委发出了焦裕禄的病危通知书。获悉焦裕禄病危,河南省常委组织部部长张建民,开封地委组织部部长王向明,在省委会合后一起赶往医院看望焦裕禄。

焦裕禄在医院临终场景（图为焦裕禄同志纪念馆内塑像）

张建民和王向明来到医院，病势危重的焦裕禄用力睁开了干涩而沉重的双眼。省地两位组织部部长分别代表省委和地委，向焦裕禄表示亲切慰问。焦裕禄微微颔首，握住他们的手，问了一句入院后从未问过的话："请组织上告诉我，我得的是什么病？还能不能治？"

张建民坐在焦裕禄床头，强抑悲痛说："裕禄同志，党为了治好你的病，已经尽了最大努力。根据医生诊断，你的病是肝癌后期，皮下扩散。目前国内外治疗这种病，还没有什么好办法，你对组织上还有什么事情要讲，请尽管说吧！"

焦裕禄听完张建民的话，十分平静。他对前来探望的省、

第四部分　生命绝唱震华夏

地委领导，断断续续地说："我……没有……完成……党交给我的……任务……没有实现兰考人民的要求……心里感到很难过……我死了不要多花钱……省下来钱支援灾区建设……我只有一个要求……请组织上把我运回兰考……埋在沙丘上……活着我没有治好沙丘……死了也要看着兰考人民把沙丘治好……"

"你在兰考工作得很好，"张建民眼里噙着热泪说，"省委和地委领导同志，对你的工作都很满意。你已经出色地完成了党交给你的任务，你不愧是一个真正的共产党员！"

焦裕禄带着深深的眷恋和不舍，凝望着风雨同舟的战友和共担困难的伴侣，颤声说出了最后的嘱托："俊雅，你要坚强……要好好学习毛主席著作……在党的教育下，好好为人民服务……"

他停顿了下来，艰难地喘吁着："孩子们都还小，我死后，

徐俊雅（后排中）与六个子女的合影

担子都压在你身上了……你辛苦一点，教育好孩子……多叫他们参加劳动，把他们培养成革命事业接班人……生活上要艰苦一些，不要随便向组织伸手……"

徐俊雅哭成了泪人，心痛欲裂。焦裕禄又一次拉住了她的手，口唇翕动，鼻翼扇动，泪水顺着他枯黄的面颊流了下来："俊雅，不要哭，好好生活，好好工作……我没想到会走得这样早，这样快。这么多年，你跟我没少操心……受罪。两个老人，六个孩子的担子……压到了你的肩上……困难会有的……"

1964年5月14日，焦裕禄病逝于郑州河南医学院第一附属医院，年仅42岁。焦裕禄生前生活简朴，从不主动让人给他拍照，所以在他去世后找不到一张标准相片。焦裕禄陵墓上的照片是在他的档案里找到的，这张照片拍摄于1949年，当时的焦裕禄才27岁。为了兰考，整日忙于工作的他连一张标准相片都没留下。

1966年2月1日，河南省民政厅批复了兰考县委、县人委的请示报告，同意授予焦裕禄同志革命烈士称号。1983年6月27日，中华人民共和国民政部换发了焦裕禄革命烈士证明书。

焦裕禄档案里的照片

1983年6月27日，中华人民共和国民政部换发了焦裕禄革命烈士证明书

小小档案馆

生也沙丘　死也沙丘

"什么是作秀，什么是真正联系群众，老百姓一眼就看出来了。"焦裕禄在兰考只有475天，在他去世60年后，老百姓仍然怀念他，这足以说明，焦裕禄是人民的好公仆，他的所作所为都是为了人民的利益。实践反复证明：只有把人民放在心上，人民才会把干部放在心上。只有把群众当亲人，群众才会把干部当亲人。

焦裕禄视群众为衣食父母，始终与百姓心相连、情相依，同呼吸、共命运。在生命的弥留之际，焦裕禄请组织上把他运回兰考，去世了也要看着兰考人民把沙丘治好，这是他最终的也是唯一的遗愿。

身后遗产
手表和《毛泽东选集》

文物背后的故事

焦裕禄对党忠诚,具有坚定的理想信念,真正做到了听党话、跟党走。他带着虔敬的心研读《毛泽东选集》,真正地将毛泽东思想作为自己行动的指南。

焦裕禄还有一块手表,这是他在洛阳矿山机器厂工作期间在一个二手市场上买的。这块手表陪伴着他走过了十多年,在生命的最后时刻,他将这块手表送给了大女儿焦守凤,这是他留给大女儿唯一的财产。

1964年5月初,兰考县委安排焦守凤到郑州看望焦裕禄,一进病房,焦守凤含泪叫了一声"爸……",就握住了病床上焦裕禄枯瘦的手。

对于大女儿焦守凤,焦裕禄内心总觉得亏欠她很多。乳名小梅的大女儿从小跟奶奶生活在老家,7岁才上小学。由于诸多原因,焦守凤初中升高中没有考上,她希望父亲能够帮她复读,或者去机关当打字员或者当教师。然而,焦裕禄怎么也不同意安排女儿做这些工作,最后安排她去副食品加工厂做临时工:洗萝卜、切萝卜、做咸菜。焦裕禄特地找到张树森厂长,说千万不要因为他是县委书记的女儿而多照顾她一些,还要求厂长把女儿安排到最苦最累的酱菜组,这样才对她的进步有好处。

焦守凤见一向精神的父亲瘦脱了形,不由得吃了一惊,意识到父亲的病情十分严重。焦裕禄拉着她的手,柔声说:"小梅,你参加工作了,要听妈妈的话,帮助妈妈带好弟弟妹妹。"

焦裕禄怜爱地看着已成人的女儿,把窝在心里的话掏了出来:"小梅,你已经长大了,有句话爸爸得跟你说了……"

"爸,有什么话,您就说吧!"

焦裕禄吃力地抓住焦守凤的手,两眼望着像受惊的小鹿一样的女儿,颤声说:"孩子,爸爸怕是不行了……"

焦守凤的心猛地一沉,惊恐地睁大眼睛:"爸,你会好起来的……"

焦裕禄抚着女儿的双手,眼前闪过流离苏北的情景。叮嘱她说:"小梅啊,你是大姐,从小就跟爸爸住地主窝棚,你辛苦了。弟弟妹妹们还小,你要跟妈妈一起把他们养大成人。"

"爸……"焦守凤悲痛欲绝,泪珠子滴在焦裕禄枯瘦的手臂上。

这时,徐俊雅端着一碗牛奶走过来心疼地说:"老焦,你多少喝一点吧!"

焦裕禄留给大女儿焦守凤的手表

焦裕禄勉强喝了两口牛奶，却怎么也咽不下去。他用颤抖的手从枕头下取出手表，叫着焦守凤的小名深情地说："小梅，你参加工作了，爸爸没有什么送给你，这块手表给你，你要严格要求自己，遵守劳动纪律，努力工作。家里的那套《毛泽东选集》，你要认真学习。那里面，毛主席会告诉你怎么做人，怎么工作，怎么生活……"

焦守凤哽咽着点点头，心里难受得什么话也说不出来。焦裕禄去世后，焦守凤将这块手表珍藏起来，从没舍得带，这是父亲留给她的唯一念想，每当想父亲的时候，她就会拿出手表呆呆地看上半天。2009年，焦裕禄同志纪念馆在征集文物的时候，工作人员找到了焦守凤女士，她含泪把手表捐赠给了纪念馆。

焦裕禄同志纪念馆里存放的两套《毛泽东选集》，都是焦裕禄认真翻阅过的。焦裕禄加入民兵组织后，在放哨、生产之余，经常学习毛主席著作。别人问他："这么厚的书，你认得完吗？"焦裕禄认真地回答："当然认不完，不过我有个哑巴老师。"别人惊奇地问："哑巴不会说话，怎么还能教你呢？"

焦裕禄读过的《毛泽东选集》

他拍了拍袋子里的字典说："看，就是这个。"

焦裕禄非常注重学习，时常把《毛泽东选集》带在身上，就连生命的最后时刻也不例外，读书学习成了他与病魔作斗争的武器。焦裕禄同志纪念馆内陈放的《毛泽东选集》，便是焦裕禄去世后别人在他病床的枕头下面发现的。

小小档案馆

焦裕禄起草的《干部"十不准"》

一、不准用国家的或集体的粮款或其他物资大吃大喝，请客送礼。

二、不准参加或带头搞封建迷信活动。

三、不准赌博。

四、不准用粮食做酒做糖，挥霍浪费。

五、不准拿生产队现有的粮款或向社员派粮派款，唱戏、演电影，办集体和其他娱乐活动。谁看戏谁拿钱，谁吃喝谁拿粮。

六、业余剧团不准借春节演出之名大买服装道具，大肆铺张浪费。

七、各机关、学校、企事业单位和党员干部都要以身作则，勤俭过年，一律不得请客送礼，不准拿国家物资到生产队换取农副产品，不准用公款组织晚会，不准送戏票。

八、不准利用职权到生产队或其他部门索取物资。

九、积极搞好集体的副业生产，增加收入，改善生活，不准弃农经商，不准投机倒把。

十、不准借春节之机，大办喜事，挥霍浪费。

魂系兰考
迁葬兰考完成遗愿

遵照烈士遗愿

兰考，是焦裕禄精神的发源地，焦裕禄在这里带领人民战风沙、除盐碱、治内涝，最后长眠于此。可是你知道吗？焦裕禄逝世后起初是被安葬在郑州烈士陵园的，直到1966年2月26日，焦裕禄烈士灵柩才迁葬兰考。

1965年12月17日，穆青、冯健、周原走进兰考县委大院，开始对焦裕禄的事迹进行整理和报道，穆青离开河南返京前，向河南省委第一书记刘建勋反映了兰考人民的呼声，建议尽快将焦裕禄迁葬兰考。

1966年2月2日，根据焦裕禄生前遗愿和兰考人民的强烈愿望，河南省委研究决定，将焦裕禄灵柩迁回兰考。

2月26日上午，郑州铁路局向兰考发出挂有四节车厢的专列，一节载着前往兰考的省、地、市和有关部门的领导同志，一节载着焦裕禄灵柩和护灵的亲属，一节载着郑州国棉三厂的军乐队，一节载着花圈和工作人员。车头上方挂着饰有黑纱的焦裕禄遗像，车厢两旁贴着"向毛主席的好学生——焦裕禄同志学习"的巨幅标语。为一位县委书记迁灵柩动用专列，这在共和国历史上尚属首例。

26日下午，载着焦裕禄灵柩的专列抵达兰考火车站。这一天兰考县城万人空巷，火车站人山人海，街道两边挂满了挽联，成千上万的兰考百姓自发披麻戴孝。当载着焦裕禄灵柩的灵车出现

焦裕禄迁葬仪式暨哀悼大会

焦裕禄爱人徐俊雅（右一）与二女儿焦守云在追悼会上

在街头时，悲痛的群众呼啦一下像潮水一样涌了上去，瞬间将灵车淹没。他们齐刷刷跪倒一片，哭声惊天动地。经县委人员的疏导，灵车才得以继续前行。跪倒在灵车之前的百姓们的泪水浸湿了路面，他们倒退一步，就磕一个头。两侧的百姓们扶着灵车，用嘶哑的声音无数次地呼喊着焦书记。

从火车站到墓地短短几里的路程，灵车却足足走了两个半小时，因为每走一步，就有群众拦路祭拜，灵车根本无法前行。

等到焦裕禄的棺椁被抬到墓穴旁时，百姓们团团围住棺椁，齐刷刷地跪在焦裕禄的棺椁前。有十几个百姓冲出人群，围着墓穴构成了两道人墙，阻止棺木下放。他们声嘶力竭地哭喊着："焦书记，回来啊！"县领导流着泪做群众工作，劝说聚集的老乡们

焦裕禄烈士墓

让开些，告诉大家焦书记为兰考操尽了心，他太累了，应该让他好好歇息。围在墓穴旁的百姓们哭得更加大声，许久之后，这些百姓才万般不舍地离开墓穴。

棺椁放入墓穴时，拽绳的人千般不舍，久久不愿把棺椁放下去。棺椁越往墓穴下放，围着的百姓们哭得越悲恸，如同浪潮一般，一浪高过一浪。当灵柩最后进入墓穴，被覆盖上水泥墓盖后，又有大批群众冲上来，墓地再次爆发出震耳欲聋的哭喊声。

焦裕禄到兰考最早结识的肖位芬老大爷迎灵时痛不欲生。根据县里要求，为维持迁葬现场秩序，除统一安排外，单位和个人都不要带花圈。可肖位芬老大爷此时已顾不上什么规定，他和村干部抬着买来的花圈径直来到焦裕禄墓地。老人一看见焦裕禄的遗像便忍不住失声痛哭起来："庄户人的好书记，你是活活地为俺兰考百姓，硬把自己给努（累）死的呀！困难的时候你为俺农民操心，跟着俺们受罪。现在，俺们好过了，全兰考翻身了，你却一个人在这里……"直到仪式结束，老人还止不住眼里的泪水。

小小档案馆

兰考墓地选址始末

　　焦裕禄迁葬兰考前，省委第一书记刘建勋派省人民政府副秘书长赵致平负责选址。兰考有1600多个沙丘，赵致平组织开封地区和兰考县领导进行研究，大家回忆起焦裕禄是在东坝头附近的张庄村找到翻淤压沙的良策，并推广至全县，他们一致认为将焦裕禄的灵柩葬在那里比较合适。赵致平带大家实地考察后，发现张庄离县城有十几公里远，且不通公路，日后组织纪念活动，交通不便。于是又有人建议将焦裕禄的灵柩葬在县城北地沙丘的兰考县烈士陵园。赵致平一行赶到烈士陵园，发现此处离县城也有十几里地，还是觉得不够理想。

　　这时，张钦礼反映了一个情况：焦裕禄曾到县城北黄河故堤"土牛"察看风沙。他登高四顾，高兴地说，这个地方真好，站得高，看得远，可以清楚地看到风从哪里起，沙从哪里落。还说人有人路，风有风口。将来他死了，要是能埋在这里多好。赵致平等赶到"土牛"一看，大家异口同声说好，都认为葬在这里既符合焦裕禄的心愿，又便于日后民众瞻仰，遂将此地定为焦裕禄墓地迁葬地址。

震撼华夏
长篇通讯传遍神州

一篇催人泪下的专题报道

2009年4月1日，时任中央政治局常委、国家副主席习近平同志赴河南调研，他专程赶往焦裕禄同志纪念馆，并看望了焦裕禄同志的亲属，与兰考县的干部群众进行座谈。在与焦裕禄的亲属围坐在一起时，他动情地回忆说："《人民日报》刊登了穆青等同志的长篇通讯《县委书记的榜样——焦裕禄》，我当时上初中一年级，政治课老师在念这篇通讯的过程中几度哽咽，多次泣不成声，同学们也流下眼泪。特别是念到焦裕禄同志肝癌晚期仍坚持工作，用一根棍子顶着肝部，藤椅右边被顶出一个大窟窿时，我受到深深震撼……焦裕禄同志始终是我的榜样……"

这是一篇什么样的通讯能让总书记印象如此深刻呢？这篇通讯又是怎么被报道出来的呢？就我们一起来读读有关这个通讯的故事吧。

1965年12月，《人民日报》派新闻记者到基层发掘典型，在新华社驻河南记者站记者周原的推荐下，穆青、周原、冯健三人来到当时受灾最为严重的兰考采访。在听了兰考县相关负责同志的汇报后，他们内心受到了极大的震撼。他们一行又看了焦裕禄补过的袜子、坐过的藤椅等遗物，三人悲恸得不能自持，眼泪抹了一把又一把。

当时汇报工作的干部们一说起焦裕禄就痛哭流涕，穆青等人也是流泪不止，特别是有人讲到焦裕禄走进梁俊才家那间低矮的茅屋，看望病中的老人，当老人问"你是谁啊？"焦裕禄说"我是您的儿子"时，穆青流泪了。他感受到了焦裕禄对群众不是一般的感情，他几乎哭出了声。

穆青一行访问了几十位基层干部和群众，实地查看了焦裕禄带领群众开挖的河渠、深翻的盐碱地和封底的沙丘，每到一处，群众都满含热泪叙说着焦书记的事迹。穆青对冯健和周原说："焦裕禄就是一代共产党员的典型！我们一定要把他的事迹原原本本地写出来，让人们看看咱们共产党的干部是怎么舍生忘死为人民群众服务的。"

穆青思考良久，最终确定了通讯的主题，也是对焦裕禄的精准定位——县委书记的榜样。为静心创作，穆青等人连夜返回开封，在开封宾馆开始撰写《县委书记的榜样——焦裕禄》一文。稿子出来以后，穆青便返回北京，又对文章进行了润色，先后七易其稿。

1966年2月7日，《人民日报》头版头条刊发了由新华社记者穆青、冯健、周原三人采写的长篇通讯《县委书记的榜样——

第四部分　生命绝唱震华夏

1966年2月7日,《人民日报》头版头条发表了长篇通讯《县委书记的榜样——焦裕禄》,对焦裕禄精神进行了专题报道

1966年2月24日,《河南日报》头版头条发表了有关焦裕禄事迹的报道

焦裕禄雕像

焦裕禄》，并配发社论《向毛泽东同志的好学生——焦裕禄学习》。同时，中央人民广播电台当天上午播发了由著名播音员齐越录制的长篇通讯，引起社会广泛反响。

  录音前一天，中央人民广播电台录音室里气氛异常，齐越的声音先是平静，后转入激昂，接着是颤抖和呜咽，最后竟完全失控，放声痛哭起来，录音员和编辑也泪眼模糊。齐越朝玻璃窗一摆手，示意暂停。随后他走出录音室吸了一口气，努力抑制住悲痛的情绪，十分钟后才重新坐到话筒前。此后，齐越播讲时还是几度泣不成声，录音多次中断。录音员和编辑也趴在操作台上哭成泪人。中央人民广播电台的领导和其他播音员都默默伫立在窗外，注视着过去从未有过的一幕，边听边擦眼泪。终于，齐越念完了通讯稿中最后一段话："焦裕禄同志……你没有死，你将永远活在千万人的心里！"

电波发出后，焦裕禄这个名字迅速传遍全国。一时间，山河动容。几天之内，全国各大局委、省市委、中央各部委纷纷发出通知，号召全体党员干部向焦裕禄同志学习，《人民日报》又相继发表了《要有更多这样的好干部》《最可贵的阶级感情》《在用字上狠下功夫》等7篇社论，指导各地学习领会焦裕禄精神。全国迅速掀起了第一次学习弘扬焦裕禄精神的高潮。

至此，焦裕禄成为全国人民熟悉的名字，焦裕禄精神成为鼓励一代又一代人的宝贵精神财富。

小小档案馆

习近平总书记关于焦裕禄精神的重要论述（概括）

焦裕禄同志是人民的好公仆，是县委书记的榜样，也是全党的榜样。亲民爱民、艰苦奋斗、科学求实、迎难而上、无私奉献的焦裕禄精神，过去是、现在是、将来仍然是我们党的宝贵精神财富，永远不会过时。

学习弘扬焦裕禄同志"心中装着全体人民，唯独没有他自己"的公仆情怀；凡事探求就里、"吃别人嚼过的馍没有味道"的求实作风；"敢教日月换新天""革命者要在困难面前逞英雄"的奋斗精神；艰苦朴素、廉洁奉公、"任何时候都不搞特殊化"的道德情操。

附录

焦裕禄同志纪念馆简介

焦裕禄同志纪念馆坐落在河南省兰考县城北黄河故道的沙丘上,始建于1966年2月,占地面积125亩。展厅内陈列有焦裕禄同志的遗物90余件,展出画面、照片300余幅。

焦裕禄同志纪念馆自兴建以来,一直受到党和国家领导人的高度重视,习近平、江泽民、胡锦涛等中央领导曾亲临纪念馆视察,并号召全党全国人民进一步弘扬焦裕禄精神。

2009年4月1日,时任中央政治局常委、国家副主席习近平专程赶赴焦裕禄同志纪念馆,瞻仰焦裕禄纪念碑,参观焦裕禄事迹展,向焦裕禄陵墓敬献花篮。他说来到焦裕禄同志纪念馆是他多年的心愿,还说焦裕禄同志用自己的实际行动,塑造了一个优秀共产党员和优秀县委书记的光辉形象,铸就了亲民爱民、艰苦奋斗、科学求实、迎难而上、无私奉献的焦裕禄精神。2014年3月17日，习近平总书记再次来到焦裕禄同志纪念馆参观，并向全国发出学习焦裕禄精神的伟大号召。

2015年以来，在县委县政府的正确领导下，焦裕禄同志纪念馆不断推陈布新，陆续建成其他几处机构设施：位于兰考县文化交流中心内的兰考县展览馆、兰考党史馆和焦桐服务站，位于东坝头镇张庄村的四面红旗馆、焦裕禄精神体验教育基地和兰阳街道老韩陵张庄村的泡桐试验站体验教育基地。形成以"红色传承"为主题的焦裕禄精神宣传体系和以焦裕禄烈士墓、焦裕禄同志纪念馆为核心的"四馆一站两基地"的阵地格局。焦裕禄同志纪念馆的爱国主义教育功能突出，传播传承红色文化功能显著。

焦裕禄同志是中国共产党百年奋斗史中涌现出的光辉形象，他平凡而伟大的一生，生动诠释了一个共产党人立党为公、执政为民的崇高风范，在人们心中铸就了一座永不磨灭的丰碑。焦裕禄精神是中国共产党人精神谱系中第一批伟大精神之一。为了更好地弘扬焦裕禄精神，传承红色基因，充分展示焦裕禄辉煌灿烂的一生，2023年焦裕禄同志纪念馆进行展陈提升，推出焦裕禄生平事迹展。

焦裕禄生平事迹展共有苦难中成长、烽火中锤炼、工业中建功、奉献中辉煌、天地间永生、精神的力量等6部分24个单元。该展以时间为线，展现了焦裕禄不平凡的一生，通过多种形式再现历史画面，突出焦裕禄在兰考工作时期的各种事迹。展览以精神带事迹，突出亲民爱民、艰苦奋斗、科学求实、迎难而上、无私奉献的焦裕禄精神，以及焦裕禄注重调查研究、走群众路线、艰苦创业、雷厉风行的工作作风，和善于发现典型、推广典型的工作方法。

展览见人见物见故事见精神，采用了主题雕塑、精神墙、语录板、场景绘画、声光电等多元化展示手法，突出表现焦裕禄的崇高形象，提升展览的表现力和感染力，增加了大型沉浸式体验场景和智慧化互动展示平台，进一步满足了群众对红色文化深层次参观体验的需求。

焦裕禄同志纪念馆是全国重点革命烈士纪念建筑物保护单位，全国爱国主义教育示范基地、国家4A级旅游景区、全国中小学爱国主义教育基地、中央国家机关爱国主义教育基地、全国红色旅游景点景区、全国廉政教育基地等，焦裕禄同志纪念馆生动地展示了焦裕禄同志全心全意为人民服务，鞠躬尽瘁死而后已平凡而伟大的光辉一生。

近几年，焦裕禄同志纪念馆不断加强社会教育和文化宣传，现已成为兰考县独具特色的爱国主义和传统文化宣传教育平台，成为各大中小学德育教育和青少年校外教育的重要课堂，也是兰考文化的展示窗口和旅游文化名片。

后记

2024年是"县委书记的榜样"焦裕禄逝世60周年，在这个特殊的节点，《百姓谁不爱好官：焦裕禄的故事》经过近一年的撰写，几易其稿，客观地讲述了英烈的辉煌历史，编者为此感到无限自豪、荣幸之至。

"百姓谁不爱好官？把泪焦桐成雨。"作为第一批中国共产党人精神谱系之一，被习近平总书记概括为"亲民爱民、艰苦奋斗、科学求实、迎难而上、无私奉献"的焦裕禄精神跨越时空，历久弥新。无论是过去、现在还是将来，焦裕禄精神永远是亿万人民心中一座永不磨灭的丰碑，永远不会过时。

青年是国家的未来，民族的希望。本书力求通过一个个感人的故事以及翔实的史料、通俗的语言、真实的图片，向青年读者传递英烈的伟大精神力量，进而砥砺思想品格，达到读故事、学精神、塑品格的目的，这既是编者的初衷，也是推动编者精益求精的强大动力。

在编写本书的过程中，焦裕禄同志纪念馆馆长陈百行和党组副书记董亚娜参与了本书的统稿工作。此外，焦裕禄的女儿焦守云、馆长陈百行、党组副书记董亚娜始终关注书稿的进度，同时给予了编者大力支持与帮助。本书被列入"十三五"国家重点图书出版规划项目，并获国家出版基金规划管理办公室的专项支持。大象出版社的领导和责编高度重视，从书稿审读到文字校对，每一位老师都尽职尽责，从装帧设计到排版印刷，各环节各部门都高度重视。在此，谨向所有关心支持本书编写出版的同志致以诚挚的谢意！

由于作者编写水平有限，书中不妥之处，敬请读者批评指正。

编　者

2024 年 9 月 1 日